Doreen Virtue
mit Radleigh Valentine

Das Engel-Tarot

Aus dem amerikanischen Englisch
von Angelika Hansen

Allegria

Die Originalausgabe erschien 2012 unter dem Titel ANGEL TAROT CARDS im Verlag Hay House, Inc., Carlsbad, CA, USA

6. Auflage 2018

Allegria ist ein Verlag der Ullstein Buchverlage GmbH

ISBN: 978-3-7934-2240-2

Übersetzung: Angelika Hansen
Umschlaggestaltung: FranklDesign, München
Titelabbildung: Steve A. Roberts
Satz: FranklDesign, München
Druck und Bindearbeiten: bookPlus International Ltd., Hong Kong
Printed in China

INHALT

Wie Sie mit den *Engel Tarot-Karten* arbeiten können

Das Tarot ist ein Instrument zur Wahrsagung, dessen Anfänge bis ins 15. Jahrhundert zurückreichen. Das zweite t in dem Wort Tarot wird nicht ausgesprochen. Interessanterweise liegt in Nordamerika die Betonung auf der ersten Silbe und in den meisten anderen Teilen der Welt auf der zweiten.

Tarot hat das Leben zahlloser Menschen berührt und ihnen sowohl in Zeiten der Freude als auch in Krisenphasen Frieden, Trost und Finsichten gegeben. Es stellt eine der akkuratesten Möglichkeiten dar, detaillierte Führung bezüglich Ihrer Zukunft und Antworten auf Ihre Fragen zu erhalten. Tarot-Karten um Rat zu fragen ist so, als würde man mit einem wohlwollenden, weisen Verwandten zusammensitzen, der die Schattenseiten und die Freuden des Lebens kennt. Dennoch fühlen sich manche Menschen von den traditionellen Darstellungen und Formulierungen des Tarots abgeschreckt oder haben sogar Angst davor. Aus diesem Grund haben wir die *Engel Tarot-Karten* kreiert, um die überlieferten Wahrsagungsmethoden zu erhalten, während wir gleichzeitig nur positive, liebevolle und lebensbejahende Worte und Bilder benutzen.

Wir haben das volle Spektrum menschlicher Emotionen und Erfahrungen aus dem traditionellen Tarot beibehalten, jedoch die angstbasierten Bilder und Worte neu interpretiert, um alle Benutzer der Karten zu erleuchten anstatt zu erschrecken.

Unsere Neu-Interpretation bringt neue und lebhafte Symbole mit sich, die erfahrenen Tarot-Kennern ungewohnt erscheinen mögen. Doch ob Sie gerade erst beginnen, sich mit dem Tarot zu beschäftigen oder sich bereits gut damit auskennen, in jedem Fall werden Sie feststellen, dass die Botschaften in diesem Deck erhebend, erfrischend und zutreffend sind. Wir haben uns bemüht, die traditionell detaillierten Antworten des Tarot zu bewahren und gleichzeitig die Interpretationen zu vereinfachen, damit Sie sich nicht durch endlose Seiten Text arbeiten müssen, um Führung zu erhalten.

Und so können Sie Ihre Engel Tarot-Karten benutzen

Das Tarot bestand ursprünglich aus zwei Kartensets, den Großen Arkana und den Kleinen Arkana (Arkana ist der Plural des lateinischen *arcanum*, was soviel bedeutet wie tiefes oder profundes Geheimnis oder Mysterium). Später wurden die beiden Sets kombiniert zu den bis heute traditionell benutzten 78 Karten.

Die **Großen Arkana** bestehen aus 22 Karten, die wichtige Ereignisse und Wendepunkte in unserem Leben beschreiben (zum Beispiel Ehe, Schwangerschaft, Beziehungs- und Berufswechsel und persönliche Herausforderungen). Außerdem können die Großen Arkana die verschiedenen Entwicklungsphasen von der Kindheit bis ins hohe Alter repräsentieren.

Die **Kleinen Arkana** repräsentieren die eher normalen täglichen Ereignisse im Leben und sind in vier Gruppen oder Elemente unterteilt: *Feuer, Wasser, Luft* und *Erde*. Die Karten der Kleinen Arkana sind für jedes Element wie folgt nummeriert: 1 (As) bis 10, plus die Hofkarten – ein Page (Karte 11), ein Ritter (Karte 12), eine Königin (Karte 13) und ein König (Karte14).

In der Regel wird das Tarot als *ein* Kartendeck behandelt. Einige Menschen jedoch, zu denen auch ich (Doreen) gehöre, ziehen es vor, die Großen Arkana getrennt von den Kleinen Arkana zu benutzen. Während Sie mit den *Engel Tarot-Karten* arbeiten, werden Sie merken, dass auf jeder Karte der Großen Arkana einer der 15 bedeutendsten Erzengel abgebildet ist! (Ein paar Erzengel erscheinen auf mehr als einer Karte, da sie Aspekte mehrere Karten verkörpern). Diese Erzengel bieten Ihnen auf Ihrem spirituellen Weg großen Schutz und klare Führung. Die Karten der Großen Arkana können darüber hinaus mit Ihren anderen Engel-Orakeldecks gemischt werden, um Ihr Reading noch detaillierter zu gestalten.

Die Karten der Kleinen Arkana bestehen aus vier Gruppen oder Elementen. Das Element Erde stellen wir mit Bildern von Feen dar, Luft mit Einhörnern, Wasser mit Meerjungfrauen und Feuer mit wohlwollenden Drachen. (Da das Element Luft im Tarot traditionell durch Schwerter repräsentiert wird, haben wir diese Waffe durch die sanftere Symbolik von Einhörnern ersetzt, deren Hörner an Schwerter erinnern.)

Hofkarten können in einem Reading entweder eine Situation oder eine Person darstellen. Wenn das Reading den Einfluss einer anderen Person in Ihrem Leben zeigt (wie zum Beispiel ein Geliebter oder eine Geliebte), repräsentieren Pagen und Königinnen weibliche Wesen (oder feminine Männer), während Ritter und Könige Männer repräsentieren (oder maskuline Frauen).

Historisch betrachtet waren die Großen Arkana ursprünglich mit Gerechtigkeit als Karte 8 und Stärke als Karte 11 kreiert worden. Zu Beginn des 20. Jahrhunderts jedoch vertauschte Arthur Edward

Waite die Positionen der Karten, als er sein berühmtes Rider-Waite-Deck kreierte. Seine Gründe für diesen Schritt sind obskur, und man kann sagen, dass diese Umkehrung den Fluss der Geschichte des spirituellen Weges der Großen Arkana behindert hat. Daher haben wir den Karten im *Engel Tarot-Kartendeck* ihre ursprüngliche Position zurückgegeben.

Da jede individuelle Tarot-Karte mehrere mögliche Bedeutungen hat, empfehlen wir Ihnen, die jeweilige Beschreibung in diesem Handbuch nachzulesen und sich von Ihrer Intuition zu der passenden Interpretation des Readings leiten zu lassen. Vertrauen Sie Ihren Engeln und Gefühlen, Sie richtig zu führen Die Karten in diesem Deck zeichnen sich durch eine reiche Symbolik und Bildersprache aus, die ebenso Antworten und Botschaften bereithält. Achten Sie auf alle Details in den Zeichnungen einer Karte, die Ihre Aufmerksamkeit anziehen, da die Illustration genauso wichtige Botschaften enthalten kann wie der dazu gehörige Text. Dieses Handbuch, zusammen mit Ihrer Intuition, wird Ihnen helfen, die Antworten auf alle Ihre Fragen zu verstehen.

Umgedrehte oder auf dem Kopf stehende Karten bedeuten, dass Sie sich besonders auf das Thema fokussieren sollten, das mit dieser bestimmten Karte assoziiert ist. Umgedrehte Karten können auch bedeuten, dass die Energie in Bezug auf die Bedeutung der jeweiligen Karte im Abnehmen begriffen ist.

Hier sind die Schritte, um sich selbst oder anderen ein detailliertes Orakelkarten-Reading zu geben:

Erster Schritt: Reinigen Sie Ihr Kartendeck

Da es sich bei Ihren Karten um sensitive Instrumente handelt, müssen sie zunächst von jeglicher Energie gereinigt werden, die sie unter Umständen im Verlauf des Herstellungsprozesses absorbiert haben. Die Schritte 1 und 2 müssen nur dann wiederholt werden, wenn eine andere Person Ihre Karten berührt hat oder wenn Ihr Reading an Klarheit missen lässt, weil die Karten von zu viel Energie »verstopft« sind.

Um Ihre Karten zu reinigen, halten Sie das Deck zunächst in Ihrer nicht- dominanten Hand (die, mit der Sie normalerweise *nicht* schreiben), da dies die Hand ist, die Energie *empfängt*. Ballen Sie Ihre andere Hand zur Faust (sie ist die Hand, die Energie *sendet*) und klopfen Sie einmal mit der Faust auf das Kartendeck. Auf diese Weise beseitigen Sie die alte Energie, sodass die Karten jetzt »leer« und bereit sind, von Ihrer eigenen Schwingung durchdrungen zu werden.

Zweiter Schritt: Weihen Sie die Karten

Berühren Sie jede Karte kurz, um sie mit Ihrer persönlichen Energie aufzuladen. Es reicht, wenn Sie dafür nur jeweils eine Ecke jeder Karte berühren. Dann fächern Sie die Karten aus, wobei die Abbildungen nach oben zeigen. Halten Sie den Kartenfächer an Ihr Herz und denken Sie an jegliche Gebete oder Intentionen, mit denen Sie die Karten erfüllen möchten. Dabei können Sie zum Beispiel leise oder laut die folgenden Worte sagen:

»Ich bitte darum, dass meine Readings mit diesen Karten akkurat und spezifisch sind und allen Beteiligten zum Segen gereichen. Bitte helft mir, in meinem Höheren Selbst zentriert zu bleiben, damit ich klar die göttlichen Botschaften hören, sehen und fühlen kann, die mittels dieser Readings durchzukommen wünschen.«

Bitten und beten Sie für jede Art Hilfe, die Sie während Ihrer Readings empfangen wollen, wie beispielsweise Selbstvertrauen, Klarheit, Mitgefühl und Ähnliches. Jetzt sind Ihre Karten mit Ihrer persönlichen Schwingung und Ihren persönlichen Intentionen aufgeladen.

Dritter Schritt: Stellen Sie eine Frage

Denken Sie an eine Frage, auf die Sie gerne eine Antwort hätten. Wenn Sie einer anderen Person ein Reading geben, bitten Sie ihn oder sie, entweder an eine Frage zu denken oder sie zu verbalisieren. Ihre Engel und geistigen Führer können Ihre Gedanken hören, daher müssen Sie Ihre Frage nicht laut aussprechen.

Vierter Schritt: Mischen Sie die Karten

Denken Sie an die Frage, während Sie die Karten mischen und bitten Sie die Engel, Sie zu führen und Ihnen bei den Antworten zu helfen. Falls eine oder mehrere Karten während des Mischens aus dem Deck »heraus springen«, legen Sie diese auf die Seite. Sie werden Teil Ihres Readings sein.

Während Sie mischen, werden Sie wahrscheinlich Gefühle, Gedanken, Worte oder Visionen wahrnehmen. Diese göttlichen Botschaften helfen Ihnen, die gezogenen Karten besser zu verstehen, daher achten Sie auf diese Eindrücke, wann immer sie sich melden.

Sobald sich Ihre Karten in zwei deutlich unterteilte Stapel zu sammeln beginnen, ist es an der Zeit, mit dem Mischen aufzuhören. Vielleicht empfangen Sie auch ein Gefühl, einen Gedanken oder eine Vision, die Ihnen sagt, es ist genug gemischt – oder vielleicht hören Sie sogar die Worte »Hör jetzt mit dem Mischen auf«. Vertrauen und folgen Sie diesen göttlichen Botschaften, die Ihnen bei dem Reading helfen. Sie können keinen Fehler machen und zu früh oder zu spät mit dem Mischen aufhören, da das Gesetz der Anziehung dafür sorgt, dass Sie immer die richtigen Karten ziehen.

Fünfter Schritt: Wählen Sie eine Karte

Entnehmen Sie dem Deck die oberste Karte. Sie ist die Antwort auf Ihre Frage bzw. Führung hinsichtlich der Heilungsschritte, die Sie bezüglich der gestellten Frage vornehmen sollten. Während Sie die Worte auf der Karte lesen, achten Sie auf jegliche Gedanken, Worte, Gefühle oder Visionen, die Sie empfangen, da es sich dabei um zusätzliche Botschaften von den Engeln handelt, mit deren Hilfe die Bedeutung der jeweiligen Karte für Sie individualisiert wird. Außerdem ist die Abbildung von großer Bedeutung, daher sollten Sie ihre Details aufmerksam studieren.

Sechster Schritt:
Ziehen Sie dieses Handbuch zu Rate

Schlagen Sie die jeweils mit der Karte korrespondierende Seite in diesem Begleitbuch auf. Während Sie den Text lesen, achten Sie auch jetzt wieder auf jegliche Gedanken oder Gefühle, die sich melden, da sie ein personifizierter Teil der Antwort sind. Dann lesen und folgen Sie den Handlungsschritten, die für jede Karte umrissen sind.

Drei-Karten-Auslegung

Nachdem Sie die Schritte 3 und 4 absolviert haben, nehmen Sie drei Karten vom oberen Teil des Decks. Legen Sie die erste Karte mit der Abbildung und den Worten nach oben auf Ihre linke Seite, die zweite in die Mitte und die dritte nach rechts.

Die Karte zu Ihrer Linken gibt Auskunft über die unmittelbare Vergangenheit bezüglich der Situation, der Ihre Frage gilt. Die mittlere Karte enthüllt den gegenwärtigen Status Ihrer Frage und was Sie wissen oder woran Sie in diesem Moment arbeiten müssen. Und die Karte zu Ihrer Rechten zeigt Ihre unmittelbar bevorstehende Zukunft, falls Sie Ihren gegenwärtigen Weg weitergehen und der Führung der mittleren Karte folgen. Um es noch einmal zu wiederholen, vergessen Sie nicht, dass Sie Ihre Zukunft verbessern können, indem Sie eine positive Sichtweise beibehalten und Ihrer inneren Führung folgen.

Das Keltische Kreuz

Die beliebteste Karten-Auslegung beim Tarot ist das sogenannte Keltische Kreuz, das sich bestens eignet, um Fragen über jedes beliebige Thema zu beantworten. Diese 10-Karten-Auslegung zeigt die Basis Ihrer Situation, die Herausforderung, die Vergangenheit, die Gegenwart, die nahe Zukunft und das wahrscheinliche Resultat.

Nachdem Sie die Schritte 3 und 4 durchgeführt haben, legen Sie zehn Karten mit der Abbildung nach oben entsprechend dem Diagramm auf der nächsten Seite aus.

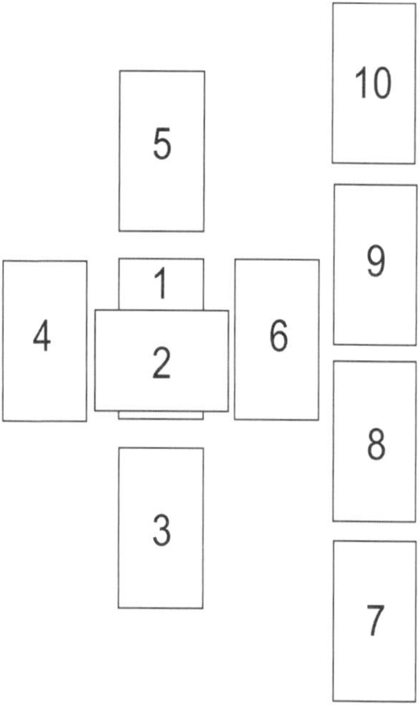
10
5
9
1
4
2
6
8
3
7

- **Karte 1** repräsentiert die Situation
- **Karte 2** repräsentiert die gegenwärtige Herausforderung, die sich auf das Thema auswirkt
- **Karte 3** repräsentiert die Basis der Situation
- **Karte 4** repräsentiert die Vergangenheit im Zusammenhang mit der Situation
- **Karte 5** repräsentiert die Gegenwart
- **Karte 6** repräsentiert die nahe Zukunft
- **Karte 7** repräsentiert Ihre Stärke in der Situation
- **Karte 8** repräsentiert die Wirkung der Personen in Ihrem Umfeld
- **Karte 9** repräsentiert Ihre Hoffnungen oder Ängste
- **Karte 10** repräsentiert das Resultat

Im nächsten Abschnitt dieses Handbuches werden Sie Bedeutungen für jede Karte finden. Vergessen Sie nicht, dass Sie einen freien Willen haben und in jedem Bereich Ihres Lebens eigene Entscheidungen treffen können. Außerdem können Sie das Resultat jeder Situation durch Gebet, Visualisierung, positive Affirmationen und geführtes Handeln verändern. Ihre Engel und geistigen Führer können helfen, Ihre Zukunft zum Besseren zu verändern – Sie müssen sie nur darum bitten und offen für ihre Hilfe sein.

Die Bedeutung der Karten

Dieses Handbuch erklärt die generelle Bedeutung jeder Karte im *Engel Tarot-Kartendeck.* Wie es traditionell im Tarot der Brauch ist, werden zunächst die Karten der Großen Arkana numerisch aufgeführt, gefolgt von den nicht nummerierten Karten der Kleinen Arkana, die nach Elementen in Gruppen von As bis König aufgelistet werden.

Wenn Sie bereit sind, die Bedeutung einer Karte nachzulesen, suchen Sie die korrespondierende Seite. Lesen Sie die Interpretation und betrachten Sie eingehend die jeweiligen Symbole. Ihre innere Weisheit wird Ihnen sagen, ob irgendeine Information auf Sie zutrifft; oder es kann sein, dass sie weitere Erkenntnisse bezüglich Ihrer Situation auslöst. Ihre Intuition wird Ihnen zusätzliche personalisierte Botschaften von Ihren Engeln und Führern anbieten; während Sie also lesen, achten Sie gleichzeitig auf Ihre Gedanken und Gefühle.

Die Grossen Arkana

Die Großen Arkana bestehen aus 22 Karten, die wichtige Ereignisse und Wendepunkte in unserem Leben beschreiben. Wie bereits erwähnt, können diese Karten zudem verschiedene Stationen von der Kindheit bis ins hohe Alter repräsentieren. Jede Karte ist nummeriert, wie es beim Tarot traditionell der Brauch ist und zeigt einen Erzengel, der mit der Botschaft dieser Karte assoziiert ist.

0
Der Träumer
Erzengel Metatron

Die Engel bringen dir diese Karte, weil du am Beginn einer neuen und aufregenden Phase deines Lebens stehst. Es ist wichtig, dass du an dich selbst glaubst und weißt, dass das wohlwollende Universum möchte, dass du Erfolg hast. Die Zeit ist gekommen, Vertrauen zu haben, fest an deine Träume zu glauben und nicht locker zu lassen! Nimm alle notwendigen Schritte, um voller Zuversicht weiterzugehen.

Höre auf deine innere Führung bei der Realisierung deiner Träume, doch sei offen für die Informationen anderer bezüglich der detaillierten Schritte, die zu nehmen sind. Vielleicht brauchst du den zusätzlichen Input oder Führung von Experten, bevor du weitergehst, doch lass dich davon nicht aufhalten. Suche aktiv nach den Erkenntnissen und Einsichten, die du brauchst.

Zusätzliche Bedeutungen dieser Karte: Vertrauensvorschuss. Kreative Lösungen. Unerwartete Gelegenheiten. Die eigene Unabhängigkeit behaupten. Die Notwendigkeit eines optimistischen Umgangs mit Herausforderungen.

Erzengel Metatron passt auf Personen auf, die neu auf dem spirituellen Weg sind und auf junge Menschen, die spirituell erwacht sind. Er ist ein wundervoller Führer, an den Sie sich jederzeit um Hilfe wenden können, wenn Sie Ungeschicklichkeit oder Unbeholfenheit überwinden und sich voll verpflichten wollen, aktiv zu werden und sich in Richtung der Verwirklichung Ihrer Träume zu bewegen. Mit Metatrons Hilfe können Sie kindliches Staunen und Ehrfurcht bewahren, während Sie Ihren Weg in der Welt gehen.

1
Der Magier
Erzengel Raziel

Diese Karte signalisiert, dass der richtige Zeitpunkt gekommen ist, neue Projekte zu beginnen! Falls du irgendwelche Zweifel bezüglich deiner Fähigkeiten hattest, deine Träume zu manifestieren, lass sie zurück. Tatsächlich ist es so, dass du umso erfolgreicher sein wirst, je mehr Selbstvertrauen du hast! Zum Glück können die Engel deine innere Stärke ankurbeln, wenn du sie um Hilfe bittest.

Obwohl du dich vielleicht noch nicht bereit fühlst, die nächsten Schritte auf deinem Weg zu tun, bist du in Wahrheit besser vorbereitet, als dir bewusst ist. Deine bisherigen Lebenserfahrungen haben dich für diesen Moment trainiert, und die Gelegenheiten, die dir jetzt geboten werden, sind magisch! Es ist nicht nötig, weitere Kurse oder Seminare zu besuchen, die dich nur hindern würden durch die Tür zu gehen, die jetzt für dich offen ist. Handle fokussiert im Hinblick auf alle Pläne, auf die du dich vielleicht vorbereitet hast.

Zusätzliche Bedeutungen dieser Karte: Kein Zögern oder Aufschieben mehr! Magische Begebenheiten. Konzentrierte Bemühungen. Unerwartete Ressourcen.

Erzengel Raziel ist der Magier-Engel spiritueller Geheimnisse und Mysterien, der Ihnen Türen zu wunderbaren Gelegenheiten öffnen wird. Darüber hinaus wird er Sie eilig auf den Weg der Manifestation schicken, damit Sie sich viel schneller des Erfolges freuen können, als logisch möglich scheint.

2
Die Hohepriesterin
Erzengel Haniel

Du hast diese Karte gezogen, weil die Antwort, die du suchst, in deinen Gefühlen und Emotionen liegt. Vertraue deiner Intuition und der Macht deiner angeborenen außersinnlichen Fähigkeiten! Achte darüber hinaus auf deine Träume und jegliche intuitiven Botschaften, die du empfängst, da sie dich zuverlässig führen.

Es ist jedoch nicht nötig, sich jetzt sofort in Aktivitäten zu stürzen. Statt dessen lass' dir Zeit, um weitere Erkenntnisse zu sammeln, da die Dinge vielleicht nicht so sind, wie sie auf den ersten Blick erscheinen. Ziehe dich vom Lärm des täglichen Lebens zurück und bitte um Führung von deinen Engeln und geistigen Führern. Alles, was du wissen musst, wird sich dir rechtzeitig enthüllen; übe dich in Geduld.

Zusätzliche Bedeutungen dieser Karte: Schweigen ist Gold. Beschäftige dich mit spirituellen Themen. Behalte deine Träume und Wünsche für dich. Lerne aus emotionalen Situationen.

Erzengel Haniel ist der Göttinnen ähnliche Engel der Anmut und weiblicher Spiritualität (wie zum Beispiel Intuition und Hellsichtigkeit). Wie eine wahre Hohepriesterin wird Haniel als Ihre spirituelle Lehrerin und Ratgeberin agieren, um Ihnen bei der Unterscheidung zu helfen, welche Gefühlen und Ideen Sie als vertrauenswürdiger Führung folgen können. Wenden Sie sich an Haniel, um größere Klarheit in Bezug auf Ihre Verbindung mit den Engeln zu erhalten.

3
Die Herrscherin
Erzengel Gabriel

Deine Kreativität und harte Arbeit bringen dir gemäß dieser Karte großen Lohn. Gegenwärtig wird alles, was du anfasst zu Gold, also wird alles aufblühen, um das du dich kümmerst und dem du liebevolle Aufmerksamkeit schenkst. Ehe, Kinder und Themen, die mit Mutterschaft und Kreativität zu tun haben, stehen jetzt unter einem günstigen Stern. Ob du versuchst, ein Kind in die Welt zu setzen, Pflanzen oder Tiere mit Leben zu erfüllen oder ob du dazu beiträgst, einem neuen Projekt oder Unternehmen zu Wachstum zu verhelfen, in allen Fällen werden deine kreativen Bemühungen von Erfolg gekrönt sein.

Genieße die schönen Dinge im Leben in dem Wissen, dass du es verdienst, auf das wunderbarste versorgt zu sein. Kümmere dich ausgezeichnet um deinen Körper mit Massage, Yoga oder allem anderen, was dafür sorgt, dass du dich gesund, voller Lebenskraft und von Kopf bis Fuß wohl fühlst.

Zusätzliche Bedeutungen dieser Karte: Fülle. Aufenthalt in der Natur. Sich selbst oder andere lieben und gut versorgen. Eine Zeit exzellenter emotionaler oder physischer Gesundheit.

Erzengel Gabriel ist der Botschafter-Engel, der sowohl werdende Eltern als auch Adoptiveltern führt und unterstützt – und ebenso alle, die in „neu geborene" kreative Projekte involviert sind. Bitten Sie Gabriel, Ihre kreativen Ideen zu inspirieren und Ihnen den Mut und die Gelegenheiten zu geben, sie zum Ausdruck zu bringen.

4
Der Herrscher
Erzengel Michael

Es ist jetzt wichtig, Logik, Disziplin und Ordnung zu entwickeln. Diese Karte weist darauf hin, dass deine Träume, auch wenn sie berechtigt und machbar sind, dennoch Richtlinien und Organisation brauchen, damit sie sich optimal manifestieren können. Entwickle einen detaillierten Plan, wie du vorgehen willst, und behalte die liebevolle jedoch Respekt einflößende Kontrolle darüber bei, wie dieser Plan realisiert wird.

Fühle dich gestärkt, die Führungsrolle in deiner Karriere und bei allen Projekten zu übernehmen, an denen du arbeitest. Struktur und Ordnung sind genau das richtige für dich, während du vom Stadium der Vorbereitung zur Ausführung deiner Pläne weiterschreitest. Glaube an deine Fähigkeit, ein positiver und diplomatischer Führer zu sein. Organisiere dich, damit du effektiver sein kannst.

Zusätzliche Bedeutungen dieser Karte: Der Wunsch, erfolgreich zu sein. Stabilität. Weise Entscheidungen treffen. Sicherheit. Regierungsbehörden. Gesetzesvollstreckung. Respekt von anderen. Vaterschaft.

Erzengel Michael ist der Engel der Stärke und des Schutzes, der die Lebensaufgabe eines jeden von uns überwacht. Bitten Sie Michael um Mut und innere Kraft, während Sie wichtige und notwendige Veränderungen in Ihrem Leben vornehmen. Darüber hinaus kann er Ihnen helfen, Ihren logischen Verstand und die Fähigkeiten der linken Gehirnhälfte auf Ihre Projekte zu fokussieren.

5

Einheit

Erzengel Sandalphon

Die Zusammenarbeit in Gruppen bereichert jetzt dein Leben. Du hast diese Karte gezogen, weil die Zeit für dich gekommen ist, deinen Freundeskreis auszudehnen oder einer Gruppe beizutreten. Zum Beispiel könntest du wieder die Schulbank drücken, studieren oder Mitglied einer spirituellen Organisation werden. Dies ist außerdem eine ideale Zeit, Freundschaften mit hilfreichen neuen Menschen einzugehen, die sich durch Integrität und eine starke moralische Einstellung auszeichnen.

Darüber hinaus ist die Zeit gekommen, jegliche Regeln, Einschränkungen oder Glaubenssätze in Frage zu stellen und neu zu überdenken, mit der deine gegenwärtige Situation umgeben wurde (von dir oder anderen), um sicher zu gehen, dass sie fair sind gegenüber allen, die an der Situation beteiligt sind. Dies kann alle bisherigen Blockaden im Hinblick auf die Manifestation deiner Ziele aufheben.

Zusätzliche Bedeutungen dieser Karte: Experten oder Mentoren. Die Suche nach dem Sinn des Lebens. Vertrauen haben in eine Gruppe von Menschen. Schulen und spirituelle Institutionen.

Sandalphon ist der Erzengel, der Gebete von der Erde zum Himmel weiterleitet. Wenden Sie sich an ihn, um Ihren Glauben und Ihre Hingabe an Ihre Träume und Ziele zu stärken.

6
Die Liebenden
Erzengel Raphael

Diese Karte signalisiert, dass du dich in Gedanken mit einer wichtigen Beziehung beschäftigst. Es kann eine Liebesbeziehung sein oder eine intime aber platonische Freundschaft. Kommunikation ist jetzt entscheidend, und es ist wichtig, Vertrauen innerhalb dieser Beziehung zu entwickeln. Du kannst über deine Gefühle offen mit jemandem reden, der dir nahe steht.

Außerdem ist es an der Zeit, eine wichtige Entscheidung in Bezug auf dein weiteres Leben zu treffen. Die Lösungen, die du jetzt erreichst, haben einen großen Einfluss auf deine Zukunft, daher ist es wichtig, deine Möglichkeiten gründlich zu überdenken. Sorge dafür, dass deine Entscheidungen genauestens durchdacht sind und dass du in der Lage bist, entsprechend zu handeln.

Zusätzliche Bedeutungen dieser Karte: Das Bedürfnis nach Balance. Eine Rückkehr zu guter Gesundheit. Hochzeiten und Ehe.

Erzengel Raphael ist nicht nur der Engel der Gesundheit und Reisen, sondern auch Schutzpatron der Seelengefährten. Raphael kann bei wichtigen Beziehungen helfen, einschließlich Liebesbeziehungen, Freundschaft, Geschäfts- und Familienbeziehungen. Darüber hinaus kann er Ihnen helfen, die Seelengefährten-Partnerschaft Ihrer Träume zu manifestieren.

7
Der Wagen
Erzengel Metatron

Glückwunsch! Diese Karte bedeutet, dass du kürzlich eine problematische Situation erfolgreich gelöst hast. Deine Fähigkeit, beide Seiten einer Sache zu sehen, zu handeln und Entscheidungen zu treffen, hat dir Zustimmung, Respekt und Dankbarkeit gebracht. Also sonne dich in der Freude dessen, was du erreicht hast!

Bleib ruhig und geerdet und sei dir klar darüber, was du erreichen willst. Es ist wichtig, Selbstkontrolle, Entschlossenheit und die Bereitschaft zu zeigen, dieses Mal den Weg bis zum erfolgreichen Ende zu gehen. Was andere Menschen betrifft, zeige ihnen, dass du die Kontrolle hast – aber auf liebevolle Weise.

Zusätzliche Bedeutungen dieser Karte: Selbstdisziplin. Schiere Willenskraft. Ein großer Sprung nach vorne. Eine Beförderung oder Auszeichnung. Transport-Möglichkeiten..

Erzengel Metatron kann Ihre Motivation und Energie stärken, damit Sie Ihre Prioritäten erreichen können. Metatron benutzt eine heilige Form aus der Geometrie, genannt »Merkaba« oder »Metatrons Würfel«, um die Zeit zu krümmen, was Sie in die Lage versetzt, Ihre Träume umgehend verwirklichen zu können.

8
Gerechtigkeit
Erzengel Raguel

Diese Karte kommt zu dir, weil du versuchst, eine Entscheidung zu treffen. Die Engel führen dich zu weisen und vorsichtig überlegten Entscheidungen, die für alle Beteiligten fair sind (das schließt dich mit ein). Wenn du in dieser Angelegenheit nicht objektiv sein kannst, wende dich an jemanden, der als Schiedsrichter agieren kann.

Darüber hinaus bedeutet diese Karte, dass eine Entscheidung in deinem Sinne ausfallen wird. Falls du gegenwärtig in einen juristischen Streitfall verwickelt bist, wird er sich für dich positiv entwickeln. Des Weiteren ist es wichtig, legale Dokumente oder Verträge genau zu prüfen, bevor du sie unterschreibst.

Zusätzliche Bedeutungen dieser Karte: Tun, was richtig ist. Verantwortung für die eigenen Handlungen übernehmen. Ungerechtigkeit widerstehen. Für die eigenen Überzeugungen einstehen. Eine Entschuldigung aussprechen oder annehmen.

Raguel ist der Erzengel, der Harmonie in Beziehungen kreiert und der Ihnen helfen kann Entscheidungen zu treffen, die mit anderen Personen zu tun haben. Bitten Sie Raguel, Frieden in Ihre Beziehungen zu bringen.

9
Der Eremit
Erzengel Raziel

Diese Karte signalisiert, dass es dir gut tun würde, Zeit allein zu verbringen und auf deine innere Stimme zu hören. Meditation ist von essentieller Bedeutung, da der Weg zur Erleuchtung ein innerer Weg ist. Sei still und erlebe die Freude, die aus der Wahrheit deines eigenen Herzens kommt, wenn du danach suchst. Lerne, dich in deiner eigenen Gesellschaft wohlzufühlen. Schließlich besteht ein Unterschied zwischen »alleine« sein und »einsam« sein.

Diese Karte weist außerdem auf spirituelle Lehren hin, daher kann sie bedeuten, dass du Weisheit besitzt, die du anderen weitergeben kannst, oder dass es vielleicht für dich an der Zeit ist, einen spirituellen Lehrer zu finden. Weisheit weiterzugeben ist Teil deiner spirituellen Reise, vor allem jetzt.

Zusätzliche Bedeutungen dieser Karte: Guter Rat. Einen Mentor finden oder Mentor werden. Das eigene Selbst entdecken. Neueinschätzung von Plänen. Auf eine spirituelle Suche gehen.

Erzengel Raziel bietet spirituellen Suchern weisen Rat, einschließlich Führung hinsichtlich esoterischer Konzepte, Interpretation Ihrer schlummernden Träume und Erinnerungen an vergangene Leben. Bitten Sie Raziel um Hilfe, Zeit alleine zu verbringen und den inneren Reichtum zu finden, der aus der Meditation kommt.

10
Das Rad
Erzengel Michael

Die Engel schicken dir diese Karte, weil positive Veränderungen in deinem Leben stattfinden. Erwarte und genieße segenbringende neue Gelegenheiten, wie sie sich dir präsentieren. Dies ist eine optimale Zeit, große und kleine Veränderungen vorzunehmen. Wage den Sprung ins Unbekannte mit dem Wissen, dass sich alles gut für dich entwickeln wird.

Alte Blockaden lösen sich auf und alles geht jetzt mit Riesenschritten voran. Falls in letzter Zeit Ereignisse dein Vertrauen erschüttert haben, wirst du jetzt sehen, dass sie in Wahrheit gut für dich waren. Du kannst ab sofort mit einem schnellen Aufstieg rechnen.

Zusätzliche Bedeutungen dieser Karte: Glück. Ein glückliches Ereignis. Ausgeglichenes Karma. Ein Wunder. Eine Schicksalswende. Schicksal.

Erzengel Michael ist der oberste Schutz-Engel, der gemeinsam mit Ihnen durch Veränderungen geht, Ihnen Mut, Stärke und Selbstvertrauen gibt. Wenden Sie sich an Michael, wann immer Sie spezifische Führung bezüglich Ihres nächsten Schrittes wünschen, vor allem wenn er mit Ihrer Lebensaufgabe oder Ihrem spirituellen Weg zu tun hat.

11
Stärke
Erzengel Ariel

Diese Karte kommt zu dir, weil du wissen musst, dass du stärker bist, als du glaubst. Du kannst deine gegenwärtige Situation definitiv in den Griff kriegen. Doch anstatt dich mit voller Kraft hineinzustürzen, wäre eine mitfühlende, liebevolle und freundliche Herangehensweise besser für dich. Die Stärke, nach der diese Situation verlangt, ist das Resultat der Sanftheit deines spirituellen inneren Zentrums.

Deine Stärke und Effektivität nimmt zu, wenn du an dich selbst und an deine Fähigkeit glaubst, aus den Ereignissen deines Lebens zu lernen. Betrachte Herausforderungen als Gelegenheiten zu lernen und dein Wissen und deine Magie anzuwenden.

Zusätzliche Bedeutungen dieser Karte: Geduld. Vergebung. Der Mut, zu deinen eigenen Überzeugungen zu stehen. Mit Freundlichkeit statt mit Ablehnung vorgehen.

Erzengel Ariel ist der weibliche Engel der Naturseele. Da Ariel der Erde so nahe ist, hilft sie bei den täglichen materiellen Bedürfnissen im Haus, bei der Ernährung, Kleidung und so weiter. Bitten Sie Ariel um Stärke und Unterstützung, wenn Sie sich wegen Ihrer Finanzen oder einer aussichtslos scheinenden Situation Sorgen machen.

12
Erwachen
Erzengel Gabriel

Nach Aussage dieser Karte ist es an der Zeit, deine Pläne zu überprüfen und die Dinge von einer neuen Perspektive aus zu betrachten. Stell dir selbst dir Frage, ob es eventuell möglich ist, dass eine andere Herangehensweise besser funktionieren könnte. Wenn es sich auch so anfühlen mag, als hätte die Situation einen toten Punkt erreicht, ist dies nur vorübergehend so. Also nutze die zusätzliche Zeit, die dir gegeben wurde, um deine Strategien neu zu überdenken.

Vielleicht ist es erforderlich, dass du jetzt den Mainstream verlässt und deine ungewöhnlichen und eklektischen Glaubenssätze oder Verhaltensweisen voll annimmst. Außerdem ist dies ein guter Moment, großzügig mit deiner Zeit, deiner Aufmerksamkeit und Geschenken zu sein. Das Universum wird dieses Abgeben auf vielfache Weise zu dir zurück bringen.

Zusätzliche Bedeutungen dieser Karte: Göttliche Erscheinungen. Selbstlosigkeit. Unerwartete Veränderungen im Leben. Notwendigkeit von Geduld. Die Kraft, die darin liegt, du selbst zu sein. Ungewöhnliche Lösungen.

Erzengel Gabriel ist der Engel, der Menschen hilft, göttliche Boten der Liebe zu werden. Wenn Sie aus dem Herzen sprechen, denken und handeln, fühlen andere sich unwiderstehlich zu Ihnen hingezogen.

13
Befreiung
Erzengel Azrael

Diese Karte weist darauf hin, dass es an der Zeit ist weiterzugehen, weil dieses Projekt oder diese Phase deines Lebens jetzt abgeschlossen ist. Es bringt keinen Vorteil, noch länger in dieser Situation zu bleiben. Stattdessen schüttele das Alte ab und heiße das Neue willkommen. Vielleicht erfährst du ein Gefühl der Erleichterung angesichts dieses Abschlusses, oder auch eine leise Trauer. In jedem Fall ist die Zeit gekommen, das zurückzulassen, über das du hinausgewachsen bist.

Nimm dir die nötige Zeit, um dich auf diese Veränderung in deinem Leben einzustellen. Es besteht kein Grund, sich zu beeilen. Sei in dieser Zeit des Übergangs liebevoll mit dir selbst und suche die Unterstützung von Freunden und Familie.

Zusätzliche Bedeutungen dieser Karte: Unvermeidliche positive Veränderungen. Sich den eigenen Ängsten stellen. Veränderung in Beziehungen. Spirituelle Evolution.

Erzengel Azrael heilt Ihr Herz, wenn Veränderungen und Verluste Trauer hervorrufen. Bitten Sie Azrael, Ihnen zu helfen, furchtlos weiterzugehen und die Vergangenheit loszulassen.

14
Balance
Erzengel Zadkiel

Die Engel mahnen dich, momentan keine impulsiven Entscheidungen oder Schritte vorzunehmen. Gehe stattdessen den Weg der Mäßigung und Balance in dieser Situation. Du wirst bessere Resultate erzielen, wenn du deine gegenwärtigen Umstände neu überdenkst und deine Herangehensweise änderst. Falls du in der Vergangenheit impulsiv gehandelt hast, kannst du jetzt die Dinge heilen und wiedergutmachen. Und wenn du mit dem Gedanken spielst, dramatische Veränderungen in deinem Leben vorzunehmen, dann bittet diese Karte dich, langsam und methodisch an diese Veränderungen heranzugehen.

Diese Karte fordert dich auf, mit anderen Menschen zusammenzuarbeiten und die Dinge von ihrer Perspektive aus zu betrachten. Mitgefühl und Freundlichkeit sind Schlüssel zur erfolgreichen Manifestierung deiner Träume. Auch Vergebung bringt Heilung, was neue Anfänge erlaubt.

Zusätzliche Bedeutungen dieser Karte: Ein gemäßigtes Tempo beibehalten. Kooperation und Vermischung von Ideen. Selbstbeherrschung / Selbstbeschränkung. Die Balance finden zwischen Aktion und Kontemplation. Auf ein günstigeres Timing warten.

Erzengel Zadkiel hilft Ihnen, sich zu erinnern, wer Sie im Hinblick auf Ihr wahres spirituelles Erbe als ein Kind Gottes sind. Wenden Sie sich an Zadkiel, um Ihre Selbstachtung, Gefühle von Selbstwert und das Wissen zu stärken, dass Sie alles Gute und Schöne im Leben verdient haben.

15
Das Ego
Erzengel Jophiel

Die Engel wollen dich wissen lassen, dass das Gefühl des Eingesperrt-Seins nicht real ist. Diese Karte weist darauf hin, dass ein Großteil deiner Gefühle von Ängsten herrührt, die nichts mit der Realität zu tun haben. Also überlasse deine Ängste Gott und den Engeln und bitte um ihre Hilfe, eine positivere Perspektive bezüglich dieser Situation zu finden.

Diese Karte zeigt außerdem, dass du dich auf die materiellen Dinge im Leben fokussierst. Die himmlischen Kräfte wissen, dass du wie jeder andere physische Bedürfnisse hast, jedoch ist deine Beschäftigung mit der Anhäufung von Besitz aus dem Gleichgewicht geraten. Wäge neu ab, warum du diese Gegenstände haben willst. Vielleicht versuchst du, eine emotionale Leere zu füllen – was materielle Objekte nie leisten können. Wonach du dich wirklich sehnst, ist innerer Frieden durch eine spirituell orientierte Lebensweise.

Zusätzliche Bedeutungen dieser Karte: Weigerung, sich der Wahrheit zu stellen oder persönliche Verantwortung für die Situation zu übernehmen. Suchtverhalten. Verführbarkeit. Abhängigkeit. Exzessive Schulden.

Jophiel ist der Erzengel, der uns hilft, schöne Emotionen zu fühlen und schöne Gedanken zu denken. Bitten Sie Jophiel um Hilfe, wann immer Sie neuen Antrieb brauchen bezüglich Ihres Selbstgefühls, Ihres Lebens und der Welt im Allgemeinen.

16
Lebenserfahrung
Erzengel Chamuel

Du hast diese Karte gezogen, weil ein kürzlich stattgefundenes Ereignis ein Weckruf für dich war, um einige wichtige Veränderungen in deinem Leben vorzunehmen. Das kann eine neue Erkenntnis sein oder etwas, das du schon wusstest aber hinausgezögert hast. Jetzt ist dir klar geworden, dass diese Situation nicht ignoriert werden kann und du aktiv werden musst.

Dies ist ein Moment sowohl der Freiheit als auch des Erwachens. Die Art und Weise, wie du dich selbst und die Welt siehst, hat sich ein für allemal verändert. Diese neue Sichtweise hat dir Wachstum gebracht und den Mut, deine Flügel auszubreiten. Lass dich von diesen neuen Einsichten motivieren, den Weg deiner wahren Herzenswünsche und Intuition voll anzunehmen

Zusätzliche Bedeutungen dieser Karte: Befreiung. Plötzliche Erkenntnis der Wahrheit. Schnelle, nicht zu verhindernde Veränderung. Die Zeit wird knapp.

Erzengel Chamuel kann Ihnen helfen, alles zu finden, was Sie suchen, einschließlich der richtigen Liebesbeziehung und einer göttlich geführten Karriere. Wenden Sie sich an Chamuel und folgen Sie dann Ihrer Intuition, die das Vehikel ist, durch die dieser Engel zu Ihnen spricht.

17
Der Stern
Erzengel Jophiel

Nur zu, dir steht nichts mehr im Wege! Die Engel sagen, dass du jeden Grund hast, Hoffnung zu fühlen und wunderbare Dinge zu erwarten! Glaube an deine Träume und betrachte deine Zukunft mit Optimismus, Begeisterung und Vertrauen. Die schwierigen Zeiten liegen jetzt hinter dir, und lichtvolle Zeiten stehen dir bevor!

Entwickle jetzt langfristige Pläne mit Blick auf die weiter entfernt liegende Zukunft. Die Zeit ist gekommen, dir dein Leben so vorzustellen, wie es dir vorschwebt und entsprechende Schritte zu unternehmen. Die Erwartungen, die du für dich selbst schaffst, fallen auf fruchtbaren Boden. Vertraue und folge deiner Intuition, da sie dich hundertprozentig sicher führt.

Zusätzliche Bedeutungen dieser Karte: Vertrauen. Zielgerichtetheit. Ein erfolgreicher Neubeginn. Auf dem richtigen Weg sein.

Erzengel Jophiel ist der Engel des Optimismus, der uns hilft, eine sonnige Perspektive und Gesinnung zu entwickeln. Bitten Sie Jophiel um Hilfe, Ihre Siege zu feiern und bleiben Sie optimistisch im Hinblick auf Ihre Zukunft.

18
Der Mond
Erzengel Haniel

Jeder Mensch erlebt Zeiten, in denen er Angst hat oder unsicher ist. Manchmal liegt die Ursache dieser Ängste in äußeren Faktoren, die man sehen kann, und manchmal haben diese Ängste ihre Wurzel in irrationalen oder eingebildeten, nicht realen Sorgen. In beiden Fällen ist es wichtig, nach innen zu gehen und auf deine Intuition zu hören, um zu erfahren, was als Nächstes zu tun ist.

Die Engel schicken dir diese Karte, weil dies eine Zeit machtvoller Intuition und übersinnlicher Fähigkeiten ist. Deine größte Einsicht wird jedoch dich selbst betreffen. Nimm diese Periode der Selbsterkenntnis an, um Blockaden aus der Vergangenheit zu überwinden, die dich bisher zurückgehalten haben. Erwache zu der Wahrheit über dich selbst, die du vor dir selbst verborgen hast, und sieh dein strahlendes Licht.

Zusätzliche Bedeutungen dieser Karte: Achte auf deine Träume. Unsichtbare Ereignisse, die sich auf dich auswirken. Illusionen.

Erzengel Haniel wird seit Langem mit dem Vollmond, Intuition und Hellsichtigkeit assoziiert. Bitten Sie Haniel um Hilfe, ihre spirituellen Gaben zu entwickeln, ihnen zu vertrauen und zu folgen, und um göttliche Führung.

19
Die Sonne
Erzengel Uriel

Diese Karte zeigt an, dass dies eine wunderbare Zeit für dich ist! Du bist erfolgreich auf eine Weise, wie du sie dir nie erträumt hast! Unternehmungen, die du jetzt in Angriff nimmst, bringen dir reiche Fülle und Erfolg. Halte deine Gedanken positiv, und alles wird sich auf das Wunderbarste entwickeln. Außerdem ist dies eine Zeit brillanter neuer Ideen und Lösungen. Hab Vertrauen in dich!

Die Arbeit, die du persönlich und spirituell geleistet hast, bringt erstaunliche Veränderungen in dein Leben. Du bist auf dem richtigen Weg zu deiner eigenen Erleuchtung.

Zusätzliche Bedeutungen dieser Karte: Freude. Öffentliche Anerkennung. Die Erlangung wunderbarer persönlicher Einsichten. Strahlende physische und/oder emotionale Gesundheit.

Uriel ist der Erzengel, der im Hinblick auf geistige Funktionen hilft, einschließlich Fokus und Konzentration. Bitten Sie Uriel, sowohl den Funken für neue Ideen und Lösungen zu entzünden, als auch das Vertrauen in Ihre eigene Intelligenz und Weisheit zu stärken.

20
Erneuerung
Erzengel Jeremiel

Die Engel schicken dir diese Karte, weil du entweder kurz vor dem Abschluss eines Projektes stehst oder an einem Wendepunkt, der Schwelle zu einer wichtigen Veränderung in deinem Leben. Diese Karte weist drauf hin, dass die Zeit gekommen ist, deine gegenwärtige Situation noch einmal zu prüfen und neu einzuschätzen. Überlege dir genau, was du tun willst, und triff dann souverän neue Entscheidungen.

Mach dir keine Sorgen, denn du weißt, dass du dich gut vorbereitet hast. Legale Situationen finden eine für dich vorteilhafte Lösung. Auch akademische Prüfungen und Zulassungstests werden erfolgreich abgeschlossen.

Zusätzliche Bedeutungen dieser Karte: Eine wichtige Entscheidung. Ein Berufs- oder Jobwechsel. In eine neue Richtung gehen. Ein Neuanfang.

Jeremiel ist der Erzengel, der Ihnen hilft, Ihr Leben einzuschätzen, damit Sie sich klar für adäquate Veränderungen entscheiden können. Verbringen Sie Zeit alleine mit Papier und Stift und bitten Sie Jeremiel, Ihnen zu helfen, alles anzuschauen, was transformiert, geheilt oder losgelassen werden muss.

21
Die Welt
Erzengel Michael

Die Engel schicken dir diese Karte, weil du eine Angelegenheit von großer Wichtigkeit glücklich zu Ende geführt hast. Sie gratulieren zu einer gelungenen Arbeit. Jetzt bist du bereit, auf etwas Neues zuzugehen. Genieße diese Gefühle der Ganzheit und Vollendung und klopfe dir selbst für deine erstaunlichen Leistungen auf die Schulter!

Du bist spirituell gewachsen und hast in deinem Verständnis des Universums eine neue Ebene erreicht. Du hast bedeutende Momente der Erleuchtung erfahren und dein Bewusstsein erweitert im Hinblick darauf, wie du Freude und Zufriedenheit erlangen kannst. Du empfindest ein großes Gefühl der Dankbarkeit.

Zusätzliche Bedeutungen dieser Karte: Perfektion. Übergang auf die nächste Ebene. Eine Auszeichnung erhalten. Ein neues Haus oder ein neuer Job. Vollkommene Klarheit. Kosmisches Bewusstsein. Anerkennung deiner Talente. Freiheit.

Erzengel Michael überwacht Ihre göttliche Lebensaufgabe und er weiß um die Aufgaben, die zu erfüllen Ihre Seele auf die Welt gekommen ist. Wenden Sie sich an Michael mit der Bitte um Führung bezüglich Ihrer nächsten Schritte und für den Mut, die Kraft und das Vertrauen, diese Schritte zu nehmen.

Die Kleinen Arkana

Von hier an sind die Karten ohne Nummerierung, da dies im Tarot traditionell so üblich ist. Die Kleinen Arkana bestehen aus vier Gruppen oder Elementen (*Feuer, Wasser, Erde* und *Luft*). Jedes Element hat 14 Karten, von As bis König, genau wie normale Spielkarten.

Während die Großen Arkana wichtige Lebensübergänge repräsentieren, spiegeln die Kleinen Arkana die alltäglichen Aspekte unseres Lebens wider. Die Hofkarten der Kleinen Arkana (Page, Ritter, Königin und König) können in einem Reading entweder eine Situation oder eine Person symbolisieren, und Sie werden in der Beschreibung jeder Hofkarte die Worte **Situationen** und **Personen** finden. Potentielle Anwendungen oder Führung sind im ersten Teil aufgeführt. Der zweite Teil beschreibt Persönlichkeitsmerkmale, damit Sie identifizieren können, welche Personen in Ihrem Leben von der Karte repräsentiert werden.

Das Element Feuer

Das Element Feuer repräsentiert unsere Ideen und Inspirationen. Es ist das Element, in dem wir Leidenschaft fühlen, erstaunliche Kreativität zeigen und unsere Träume zu verwirklichen beginnen. Dieses Element korrespondiert mit unserer Karriere, Kunst, Abenteuer, Risikobereitschaft und Selbstentwicklung. Zudem kann Feuer für jede unserer Leidenschaften stehen. Aufgrund ihrer feurigen Natur und ihrem einzigartigen Stellenwert in unserer Imagination haben wir wohlwollende Drachen als Symbol für diese Gruppe gewählt.

As des Feuers

Eine großzügige, neue Chance bietet sich dir! Kreative und inspirierende Karrieremöglichkeiten zeigen sich. Jetzt ist die Zeit gekommen, feurig die neuen Abenteuer anzugehen, die sich dir präsentieren. Nur zu!

Innovative Ideen sollten mit Begeisterung verfolgt werden. Dies ist die beste Zeit, Risiken einzugehen, um deine Träume Wirklichkeit werden zu lassen. Wenn du dein Leben verändern willst, tu es jetzt!

Zusätzliche Bedeutungen dieser Karte: Ein neues Unternehmen starten. Jobangebote oder Beförderungen. Aufregende neue Informationen. Selbstausdruck. Ein frischer Start.

Zwei des Feuers

Dies ist eine Zeit, in der du zu dir selbst findest. Mit den Schritten, die du nimmst um deine Karriere oder dein Unternehmen zu verbessern, bist du auf dem richtigen Weg. Während du nach vorne gehst, sind mutige Entscheidungen nötig, die sich auszahlen werden. Gehe zuversichtlich weiter und lass dich nicht von vorübergehenden Verzögerungen entmutigen. Außerdem erlaube niemandem, deinen Fortschritt zu behindern.

Denke darüber nach, mit Personen zusammenzuarbeiten, deren Talente und Fertigkeiten deine eigenen ergänzen. Gemeinsame Bemühungen können dir helfen, deine Ziele zu erreichen. Verhandlungen in dieser Zeit verlaufen reibungslos.

Zusätzliche Bedeutungen dieser Karte: Ausgezeichneter Weitblick. Hoffnung für die Zukunft. Verträge und geschäftliche Vereinbarungen. Fantastisches Potential. Kontrollierter Fortschritt.

Drei des Feuers

Glückwunsch, dies ist eine wunderbare Zeit für dich, deine Erfolge zu feiern! Dennoch ist es nicht an der Zeit, sich auszuruhen. Du musst mit deinem nächsten Projekt beginnen. Also tritt einen Schritt zurück und schau dir noch einmal alles an, was du bisher getan hast und entwirf eine Blaupause für die Zukunft. Dabei solltest du langfristige Pläne im Auge behalten. Wahrscheinlich hast du ein gutes Gefühl im Hinblick darauf, wie weit du schon gekommen bist, doch ist dies nicht der Moment, dich auf deinen Lorbeeren auszuruhen! Es ist wichtig, das Feuer der Begeisterung für die großen Höhen brennen zu lassen, die du noch erklimmen kannst.

Geduld kann vonnöten sein, während du auf Resultate deiner früheren Entscheidungen wartest. Nutze diese Zeit, um die Möglichkeiten zu erforschen, wie du dein Unternehmen oder deine Talente optimieren kannst.

Zusätzliche Bedeutungen dieser Karte: Mitarbeiter managen. Gut gehende Geschäfte. Selbstzufriedenheit. Weisen Rat einholen. Einen wichtigen Job annehmen. Geschäftsreisen.

Vier des Feuers

Du hast hart gearbeitet und wirst jetzt mit Zufriedenheit, Frieden und Fülle belohnt Die Freiheit, die dir dein Erfolg ermöglicht hat, schenkt dir ein tiefes Gefühl der Befriedigung. Du hast deinen Weg sicher durch alle Hindernisse zu einem Ort navigiert, auf den du stolz sein kannst.

Du genießt ein glückliches Zuhause. Vielleicht heiratet jemand oder hat die Absicht, mit einem Partner zusammenzuziehen. Frieden und Harmonie sind etabliert, und nun suchst du Stabilität und Hingabe.

Zusätzliche Bedeutungen dieser Karte: Ein Wendepunkt in deiner Karriere. Ein erfolgreich abgeschlossenes Projekt. Dankbarkeit für das, was du hast. Beschwingtes Gefühl. Verlobung, Hochzeit oder Flitterwochen.

Fünf des Feuers

Du stehst momentan vor diversen Herausforderungen. Personen in deinem Umfeld haben andere Ziele und Wertvorstellungen als du, und es besteht Uneinigkeit darüber, wie weiter fortgefahren werden soll, zusammen mit einem Aufeinanderprallen unterschiedlicher Meinungen. Erfolg ist dennoch möglich, erfordert aber einige Mühe. Vielleicht genießt du diese Art von Herausforderung, oder vielleicht erschöpft es dich.

Ein Interessenkonflikt ist gegeben. Alle Beteiligten werden versuchen müssen, die Sichtweise des Anderen zu verstehen. Es besteht das Bedürfnis nach Klarheit, um eine Lösung zu finden.

Zusätzliche Bedeutung dieser Karte: Sportliche Wettkämpfe. Störungen, Beeinträchtigungen. Das Bedürfnis, Prioritäten zu setzen. Zwischen allen Stühlen zu sitzen. Lästige Details.

Sechs des Feuers

Bravo! Dies ist eine Zeit großer Leistungen und großen Erfolges. Die Menschen halten dich in großen Ehren, und du hast einen ausgezeichneten Ruf. Du hast gute Entscheidungen getroffen und hart gearbeitet. Vielleicht erhältst du eine Art öffentlicher Anerkennung für die von dir geleisteten Beiträge, oder vielleicht verleiht man dir eine Auszeichnung für deine Leistungen.

Gute Neuigkeiten sind auf dem Weg zu dir. Es könnte eine Beförderung oder ein neues Jobangebot sein.

Zusätzliche Bedeutungen dieser Karte: Sieg! Ein gutes Gefühl, die eigene Person betreffend. Glück.

Sieben des Feuers

Bleib standhaft und gib nicht nach. Vielleicht wirst du deine Überzeugungen oder Entscheidungen verteidigen müssen, doch es wird dir gelingen. Wichtig ist, dass du standhaft bleibst. Widrigkeiten und schwierige Situationen machen dich nur stärker und du bist bestens ausgerüstet, um damit fertig zu werden. Stehe zu deinen Überzeugungen!

Bleib wachsam. Werde nicht unvorsichtig, nur weil du im Recht bist. Andere beneiden dich vielleicht um das, was du besitzt.

Zusätzliche Bedeutungen dieser Karte: Wähle deine Kämpfe mit Bedacht. Lerne Nein zu sagen. Selbstvertrauen. Mut. Machthaber herausfordern. Beharrlichkeit.

Acht des Feuers

Halt dich fest, denn jetzt überschlagen sich die Ereignisse! Die Zeit der Verzögerungen ist vorbei, und deine Pläne manifestieren sich schnell und mit Energie. Vielleicht fühlst du dich durch hektische Aktivitäten überrumpelt. Es ist aufregend und ein beinahe überwältigend, aber es fühlt sich gut an, deine Träume wahr werden zu sehen. Vieles geschieht jetzt gleichzeitig. Zuviel auf einmal? Bleib geerdet. Deine Botschaften werden jetzt positiv aufgenommen. Genieße es, im Rampenlicht zu stehen.

Zusätzliche Bedeutungen dieser Karte: Empfangen notwendiger Informationen. Inspiration. Plötzliche Reisen. Ein unerwartet großer Erfolg.

Neun des Feuers

Du hast viel Arbeit und Energie in diese Situation investiert. Diese Karte kommt als Zeichen für dich, aktiv das zu schützen, was du geschaffen oder verdient hast. Habe Mut und glaube an dich selbst und dein Recht, die Früchte deiner Arbeit zu verteidigen. Stärke deine Entschlossenheit und gib nicht auf!

Du besitzt die Weisheit und das Durchhaltevermögen, diese Situation zu einer akzeptablen Lösung zu bringen. Wichtig dabei ist jedoch, deinen Geist für die Unterstützung und Sichtweisen anderer zu öffnen.

Zusätzliche Bedeutungen dieser Karte: Vorbereitet sein. Physische Stärke. Gefühle von Paranoia. Ermüdung.

Zehn des Feuers

Du arbeitest zu hart und hast zu viele Stunden investiert. Es besteht die Notwendigkeit, die professionellen und privaten Seiten deines Lebens ins Gleichgewicht zu bringen. Ein guter erster Schritt besteht in deiner Bereitschaft, Hilfe von anderen anzunehmen. Es gibt Hoffnung für eine erfolgreiche Lösung deiner Situation oder deines Projektes. Jedoch ist es am besten, wenn du überflüssige oder lästige Aktivitäten aus deinem Terminplan streichst. Verlangsame dein Tempo, und du ersparst dir eine Menge unnötigen Stress.

Zusätzliche Bedeutungen dieser Karte: Nur Arbeit und kein Vergnügen. Dunkelheit bevor die Sonne aufgeht. Stress gefährdet deine Gesundheit. Zwanghaftes Verhalten.

Page des Feuers

Situationen: Nachrichten über eine aufregende neue Unternehmung! Die Engel führen dich, damit du diese neue Situation von ganzem Herzen annimmst. Sie mag sich wie eine Herausforderung anfühlen, doch ist es eine, auf die du vorbereitet bist. Begeistere die Menschen mit deiner Originalität und deinem Einfallsreichtum.

Personen: Ein kontaktfreudiger, kreativer junger Mensch mit einer Passion für das Leben. Jemand, der enthusiastisch neue Erfahrungen sammelt und dafür sorgt, dass Dinge passieren. Optimistisch. Voller Selbstvertrauen. Mutig. Anregend. Eifrig. Verschmitzt.

Zusätzliche Bedeutungen dieser Karte: Gute Neuigkeiten. Ein kreatives Projekt. Glauben an sich selbst.

Ritter des Feuers

Situationen: Ein plötzliches Ereignis erfordert deine unmittelbare Aufmerksamkeit. Schnelles Handeln ist gefragt, doch ist es wichtig, gründlich nachzudenken und keine voreiligen Entscheidungen zu treffen. Enthusiasmus und Selbstsicherheit sind wundervoll, solange sie nicht Weisheit und Vorsicht mangeln lassen.

Personen: Ein Mensch, der alles, was er tut, mit Leidenschaft angeht. Ein Mensch, der die Dinge in die Hand nimmt und im Namen von Personen oder Anlässen, die ihm am Herzen liegen, vertrauensvoll und sicher schnelle Entscheidungen trifft. Furchtlos. Loyal. Charismatisch. Selbstsicher. Abenteuerlustig. Ruhelos.

Möglicherweise ungeduldig oder unbeständig, wenn es darum geht, dass die Dinge so laufen wie er oder sie es will.

Zusätzliche Bedeutungen dieser Karte: Eine plötzliche, leidenschaftliche Liebesbeziehung. Geschäftsreisen. Wohnungswechsel. Ein Notfall.

Königin des Feuers

Situationen: Breite deine Flügel aus und fliege. Unterschätze dich und deine Fähigkeiten nicht länger. Sei dir deiner Unabhängigkeit und Kreativität sicher. Du wirst automatisch andere Menschen anziehen, die dir helfen. Stehe zu deiner Unabhängigkeit und Kreativität.

Personen: Ein Mensch mit einer unwiderstehlichen Persönlichkeit, der ein freundliches Naturell hat und das Leben liebt. Jemand mit ausgeprägtem Selbstvertrauen, der erstaunlich vielseitige Talente und Fertigkeiten aufweist. Attraktiv. Warm, Intelligent. Anmutig. Fähig. Aktiv. Überzeugend. Schwer aus der Fassung zu bringen.

Zusätzliche Bedeutungen dieser Karte: Vertraue deiner Intuition. Beruf und Privatleben ins Gleichgewicht bringen. Wunsch nach Aufmerksamkeit und Anerkennung.

König des Feuers

Situationen: Fokussieren! Fokussieren! Fokussieren! ... und mit Volldampf voraus! Widme deine Zeit und Energie der vor dir liegenden Aufgabe. Du bist in einer Führungsposition und inspirierst andere mit deinem Enthusiasmus. Außerdem wirst du vielleicht Rat von jemandem erhalten, der ein Experte für kreative Lösungen ist.

Personen: Ein geborener Anführer mit großem Charisma, Charme und Flair. Häufig der Chef eines Unternehmens oder einer Organisation, die ihm oder ihr erlaubt innovativ zu sein und Großes zu erreichen. Kreativ. Idealistisch. Ambitioniert. Einflussreich. Anregend. Professionell. Theatralisch.

Zusätzliche Bedeutungen dieser Karte: Ein unternehmerisches Risiko. Öffentlich Reden halten. Mut zu eigenen Überzeugungen. Etwas verändern.

Das Element Wasser

Das Element Wasser repräsentiert die Tiefe unserer Emotionen. Es ist das Element, bei dem wir uns verlieben, unsere Kinder nähren und unser Herz tiefen Gefühlen öffnen. Die Wasser-Karte repräsentiert Liebe, Romantik, Beziehungen, Familie, Träume und Wünsche. Dieses Element schließt auch die Tiefen unserer intuitiven und übersinnlichen Gaben ein. Wir haben die schönen und wasserreichen Gefilde der Meerjungfrauen und Meermänner gewählt, um dieses Element zu repräsentieren, aufgrund der Fähigkeiten dieser Wesenheiten, tief in die verborgenen Welten der Emotionen und des Unterbewusstseins einzutauchen.

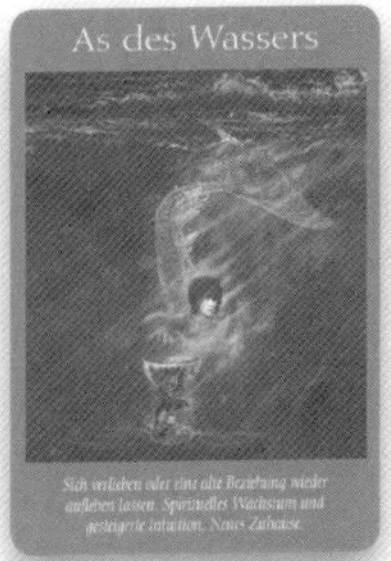

As des Wassers

Ein wundervoller neuer Mensch kommt in dein Leben! Das könnte eine aufkeimende Liebesbeziehung sein, oder du verliebst dich neu in deinen gegenwärtigen Partner. Positive Emotionen wie Freude, Vergnügen und Glücksgefühle sind wahrscheinlich. Es ist gut möglich, dass du dich verliebst.

Deine außersinnlichen Fähigkeiten, vor allem Hellfühlen (intuitive Gefühle), sind in dieser Zeit besonders ausgeprägt. Deine gegenwärtigen reichen emotionalen Erfahrungen gehen einher mit spirituellem Wachstum.

Zusätzliche Bedeutungen dieser Karte: Wahre Freundschaft. Seelengefährten. Mitgefühl und Güte. Ein neues Zuhause.

Zwei des Wassers

Eine Beziehung, die immer inniger wird. Eine seit Langem bestehende Freundschaft wird tiefer. Eine Liebesbeziehung erreicht neue Ebenen von Intimität. Gegenseitige Liebe, Respekt und Verständnis hat sich zwischen den Partnern entwickelt.

Deine Beziehung ist dabei zu heilen, und tiefe Hingabe ist nach wie vor möglich. Jetzt ist nicht der Zeitpunkt, eine Beziehung zu beenden. Konflikte zwischen Einzelpersonen oder Gruppen finden eine positive Lösung. Konflikte enden, und alle vergeben einander.

Zusätzliche Bedeutungen dieser Karte: Liebesbeziehung. Sexuelle Anziehung. Verlobung. Verwandte Seelen. Ein unerwartetes Geschenk. Geteilte Ideen.

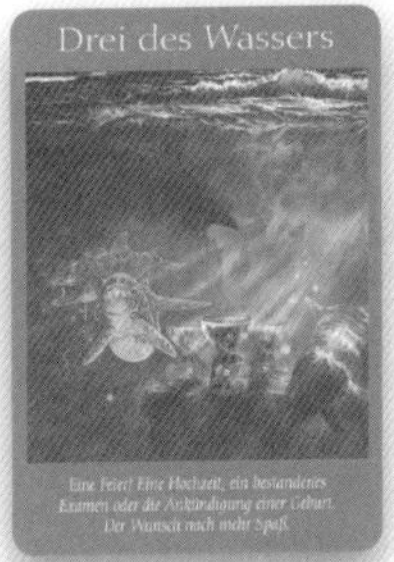

Drei des Wassers

Eine Feier! Hochzeiten, Schwangerschaft, Geburt und Wiederbegegnungen sind wahrscheinlich. Bestandene Examen oder Beförderungen stehen bevor.

Du brauchst mehr Spaß in deinem Leben! Du arbeitest zu hart und müsst lernen, dich zu entspannen. Gib eine Party oder mache Urlaub.

Zusätzliche Bedeutungen dieser Karte: Gemeinschaft. Gastfreundlichkeit. Unterhaltung. Glücksfälle. Glückliche Lösungen.

Vier des Wassers

Es ist an der Zeit, deine Situation neu zu überdenken, denn momentan verpasst du eine Gelegenheit. Die Lösung, die du suchst, liegt direkt vor deinen Augen. Glücklicherweise entfalten positive Kräfte ihre Wirkung, um dich jetzt zu unterstützen. Öffne die Augen für deine Möglichkeiten und nimm die Hilfe an, die dir angeboten wird.

Es kann jedoch sein, dass du abgelenkt bist oder dich emotional gefangen fühlst. Wenn du dich nur auf das fokussierst, was du nicht hast, besteht die Gefahr, dass du die guten Dinge, die du hast, als selbstverständlich hinnimmst.

Zusätzliche Bedeutungen dieser Karte: Unzufriedenheit. Apathie. Tagträumerei. Rückzug. Etwas fehlt. Langeweile.

Fünf des Wassers

Die Dinge haben sich vielleicht nicht so entwickelt, wie du gehofft hast. Sei vorsichtig und fokussiere dich nicht zu sehr auf das Negative, da jede Situation etwas Positives hat. Vielleicht kannst du den Silberstreifen am Horizont nicht sehen. Kämpfen oder der Versuch, Veränderung zu ignorieren, tut dir nicht gut. Stattdessen vertraue darauf, dass es für alles, was geschieht einen Grund gibt. Es ist wichtig, über Verlorenes zu trauern. Nimm dir die Zeit zu heilen. Bitte deine Freunde, Familie und weise Ratgeber um Hilfe und Trost.

Zusätzliche Bedeutungen dieser Karte: Traurigkeit. Das Ende einer Beziehung. Der Wunsch, die Vergangenheit ändern zu können. Besessenheit. Was passiert ist, ist passiert.

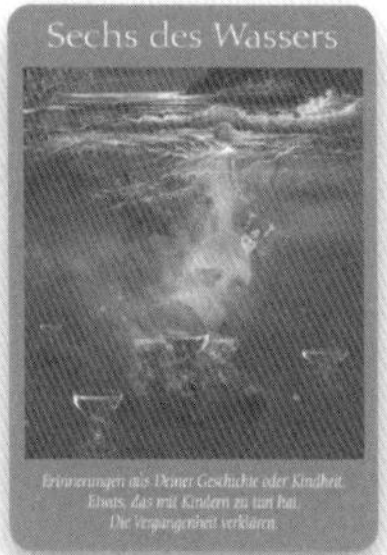

Sechs des Wassers

Erinnerungen aus deiner persönlichen Geschichte oder Kindheit sind aus einem bestimmten Grund in dein Bewusstsein zurückgekehrt. Vielleicht gibt es ein altes Problem, das du noch lösen musst. Oder deine Erinnerungen könnten ein Zeichen von dem sein, was noch kommen wird. Vielleicht wirst du Freunde oder Liebespartner aus deiner Vergangenheit wiedertreffen. Neue Bekanntschaften fühlen sich aufgrund karmischer Verbindungen wie vertraute alte Freunde an.

Die Wirkung von Kindern auf diese Situation könnte wichtig sein. Auch kindliche Unschuld oder ein Mangel an Schuldgefühl werden von dieser Karte angezeigt.

Zusätzliche Bedeutungen dieser Karte: Erbschaft. Geschenke. Wiedervereinigungen. Teilen. Freundlichkeit gegenüber anderen / von anderen. Die Vergangenheit verklären.

Sieben des Wassers

Vielleicht stehst du vor einer komplexen Entscheidung, und es ist schwierig, zwischen den Optionen zu wählen, die dir zur Verfügung stehen. Stelle die nötigen Nachforschungen an oder suche Rat bei einem Mentor.

Es ist Zeit, nicht länger zu zögern und aktiv zu werden! Falls du dich zu einem bestimmten Pokal auf dieser Karte hingezogen fühlst, hält seine Chakra-Farbe wichtige Bedeutung bereit und bietet dir Führung bei deinen Entscheidungen. *Rot* bedeutet dein Zuhause, Geld und Sicherheit; *Orange* bedeutet Kreativität, Suchtverhalten und Sexualität; *Gelb* bedeutet Macht und Kontrolle; *Grün* bedeutet Liebe und Heilung; *Hellblau* bedeutet Kommunikation und Wahrheit; *Dunkelblau* bedeutet Visionen und außersinnliche Fähigkeiten; und *Violett* bedeutet Spiritualität.

Versuche, dich zu fokussieren und vermeide unrealistische Erwartungen.

Zusätzliche Bedeutungen dieser Karte: Zu viele Optionen. Verwirrung. Fantasien. Deine Fantasie geht mit dir durch. Suchtverhalten.

Acht des Wassers

Du verspürst das Verlangen weiterzuziehen. Deine früheren Interessen haben ihren Charme verloren, und du suchst nach etwas Sinnvollerem und Bestätigung in deinem Leben. Du bist spirituell und emotional gewachsen und sehnst dich danach, die Vergangenheit hinter dir zu lassen. Diese Veränderungen werden dir die Vorteile und Segnungen bringen, die du dir wünschst.

Die innere Suche nach Antworten wird jetzt belohnt. Lass dich durch nichts von deinem wahren Weg ablenken. Wenn du eine Leere in deinem Leben spürst, fülle sie auf gesunde Weise! Ein Wohnortwechsel oder eine Veränderung in deinem Job oder deinen Beziehungen ist in dieser Zeit gut möglich.

Zusätzliche Bedeutungen dieser Karte: Der Entschluss, eine schmerzhafte Situation zu verlassen. Leere. Die Suche nach spiritueller Erfüllung. Gefühle von Burnout.

Neun des Wassers

Dein Wunsch erfüllt sich! Das, wofür du gebetet hast, manifestiert sich endlich. Deine Sorgen schwinden jetzt, da deine Bemühungen belohnt werden. Finanzielle Hoffnungen werden gegenwärtig erfüllt. Das Glück folgt dir auf Schritt und Tritt!

Die einfachen Vergnügungen des Lebens sind in Fülle vorhanden. Luxus und materielle Annehmlichkeiten kommen zu dir. Du bist von Schönheit, Glück und Zufriedenheit umgeben.

Zusätzliche Bedeutungen für diese Karte: Liebe zum Leben. Vergnügen. Freiheit. Die Dinge entwickeln sich wie erhofft. Selbstzufriedenheit.

Zehn des Wassers

Du hast ein erfülltes und behagliches Familienleben, und es besteht große Harmonie mit den Menschen in deiner Umgebung. Deine Beziehungen sind stark und vertrauenswürdig. Du fühlst dich gesegnet und geliebt. Deine materiellen und emotionalen Bedürfnisse werden befriedigt.

Deine Beziehungen mit deiner Familie und Freunden sind authentisch. Frieden, Freude und bedingungslose Liebe umgeben dich.

Zusätzliche Bedeutungen dieser Karte: Glückliche Ehen. Positive Beziehungen mit Kindern, Sicherheit. Sich um Familienmitglieder kümmern.

Page des Wassers

Situationen: Eine neue Person oder Situation, die deine Emotionen entfacht, tritt in dein Leben. Dies könnte der Beginn einer Freundschaft oder Liebesbeziehung sein oder die Erneuerung einer Beziehung aus deiner Vergangenheit. Eine gegenwärtige Beziehung tritt in eine neue Phase. Es ist wichtig, deine Gefühle mit den Menschen in deinem Umfeld zu teilen. Auch deine Intuition und übersinnlichen Fähigkeiten können in dieser Zeit gesteigert sein.

Personen: Ein Jugendlicher, der emotional, intuitiv und sensitiv ist. Ein Mensch, der sanft, freundlich, künstlerisch und manchmal sehr still ist.

Verständnisvoll. Freundlich. Introvertiert. Mitfühlend. Romantisch.

Zusätzliche Bedeutungen dieser Karte: Ein Liebesbrief. Imagination. Künstlerische Bemühungen. Wichtige Träume.

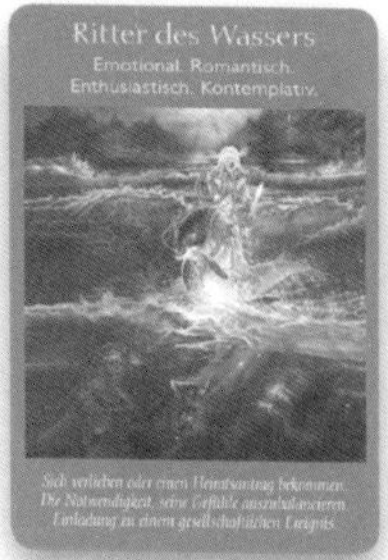

Ritter des Wassers

Situationen: Tiefe Emotionen, die aus Situationen oder Beziehungen resultieren, beeinflussen dein Leben. Neue Verliebtheit oder ein Heiratsantrag sind möglich. Du (oder jemand der dir nahe steht) musst deine Emotionen ins Gleichgewicht bringen, damit sie dich nicht überwältigen. Es kann sein, dass du zu Partys oder anderen gesellschaftlichen Ereignissen eingeladen wirst.

Personen: Ein extrem emotionaler Mensch, angetrieben von einer Begeisterung für Romantik, Kunst und Schönheit. Jemand, der charmant, kontemplativ und idealistisch ist. Sensitiv. Romantisch.

Imaginativ. Enthusiastisch. Verfeinert. Kultiviert. Launenhaft.

Zusätzliche Bedeutung dieser Karte: Jemand, mit dem man reden kann. Ein Träumer. Ein Flirt. Past-Life-Beziehungen. Melodrama.

Königin des Wassers

Situationen: Emotionale Probleme oder Beziehungen mit anderen erreichen eine neue Ebene. Selbst wenn die Dinge nicht perfekt sind, empfindest du innerlich ein Gefühl von Frieden und Ruhe und du weißt intuitiv, was als Nächstes zu tun ist. Du kannst deinen Gefühlen für andere und diesbezüglichen Einsichten vertrauen. Sorge dafür, dass du nicht vergisst, gut für dich zu sorgen, während du dich um die Personen in deiner Umgebung kümmerst.

Personen: Ein Mensch mit tiefen, aber reifen Emotionen, in der Lage zu spüren, was andere brauchen und es liebevoll bereitzustellen. Ein intuitiver oder außersinnlich begabter Mensch, der seinen oder ihren Wahrnehmungen vertraut und sie benutzt, um die physische Welt erfolgreich zu navigieren. Jemand, der andere bedingungslos akzeptiert. Weichherzig. Mitfühlend. Geduldig. Großzügig. Sanftmütig.

Zusätzliche Bedeutungen dieser Karte: Kunstförderer. Liebe für Heim und Familie. Ein guter und zuverlässiger Freund. Großes kreatives Talent.

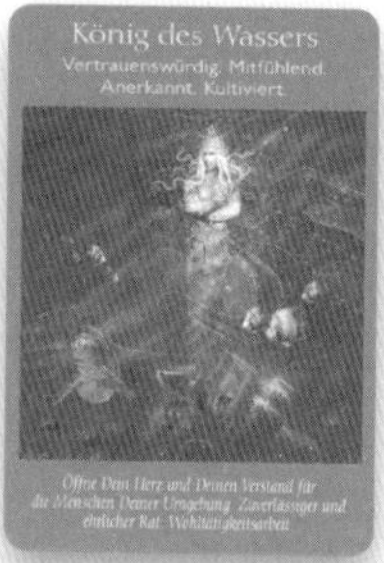

König des Wassers

Situationen: Du bist ein geborener Ratgeber, der Menschen zuhört und ihnen tröstende und liebevolle Worte anbietet, aus deinen eigenen Erfahrungen geboren. Öffne dein Herz und deinen Verstand für die Ideen anderer Menschen und akzeptiere auch solche, die sich von deinen unterscheiden. Unter Umständen ist die Zeit gekommen, ehrenamtliche Wohltätigkeitsaufgaben zu verrichten, um jenen zu helfen, denen es nicht so gut geht wie dir. Möglicherweise wird dir ein ausgezeichneter Rat von jemandem angeboten, dem du hundertprozentig vertrauen kannst; folge seinen oder ihren Vorschlägen gewissenhaft.

Personen: Jemand, der weise und mitfühlend ist, mit einem reichen Innenleben. Ein Mensch mit stiller Autorität, der die Wahrheit und Bedeutung hinter jeder Situation sehen und eine perfekte Lösung anbieten kann, die sowohl intelligent als auch von Herzen kommend ist. Vertrauenswürdig. Kultiviert. Respektiert. Zuverlässig. Fähig. Emotional stabil.

Zusätzliche Bedeutungen dieser Karte: Ein/e vertrauenswürdige/r Liebespartner/in. Ein Fürsprecher. Kulturelle Interessen wie Kunst und Musik. Ein herausragendes Mitglied der Gesellschaft.

Das Element Luft

Das Element Luft repräsentiert unseren Intellekt, mit dem wir Entscheidungen treffen, Situationen analysieren und unsere innersten Gedanken in Worte fassen. Luft geht einher mit Gerechtigkeit, Wahrheit, Idealen, dem Justizsystem, Kommunikation und anderen intellektuellen Themen. Da Angst und Sorgen generell ein Produkt des Verstandes sind, kann dieses Element außerdem Kämpfe und Sorgen in unserem Leben anzeigen. Um das Element Luft zu repräsentieren, haben wir Einhörner gewählt, da ihre ruhige Essenz friedliche Gedanken symbolisiert.

As der Luft

Neue Ideen fliegen dir zu! Erwarte wunderbare Inspirationen, möglicherweise bezüglich einer Situation, die dich ehemals belastet hat. Jetzt siehst du die Gelegenheit, etwas Verblüffendes zu kreieren und bist total begeistert. Fokussiere deine Gedanken auf deine langfristigen Ziele und entwickle einen Aktionsplan. Jetzt siehst du die Wahrheit der Situation. Die Verwirrung hat sich aufgelöst, und an ihre Stelle ist Klarheit getreten. Dein neues Verständnis ersetzt frühere Missverständnisse. Jetzt bis du bereit, weiterzugehen.

Zusätzliche Bedeutungen dieser Karte: Ein schwieriger Anfang. Etwas Negatives in etwas Positives verwandeln. Eine brillante, intellektuelle Lösung.

Zwei der Luft

Du kämpfst mit einer Entscheidung. Du fühlst widerstreitende Emotionen oder Gedanken bezüglich der Richtung, die du nehmen sollst und vermeidest daher, eine Entscheidung zu treffen. Intuitiv weißt du, was zu tun ist, aber du hast Angst aktiv zu werden und befindest dich in einer Sackgasse. Habe Vertrauen in deine eigene Weisheit und mach den nächsten Schritt! Eine Pattsituation existiert zwischen den Parteien. Ein Kompromiss ist nötig. Finde einen unparteiischen Mittelsmann, um zu einer Lösung zu gelangen.

Zusätzliche Bedeutungen dieser Karte: Überanalysierung einer Situation. So tun, als gäbe es kein Problem. Komplizierte Verhandlungen. Selbstzweifel.

Drei der Luft

Es ist etwas geschehen, das dich sehr traurig macht. Es kann eine gegenwärtige Situation sein oder etwas aus deiner Vergangenheit, das nicht gelöst ist und dich weiterhin quält. Vertraue darauf, dass die Traurigkeit vorbei geht und du irgendwann die Aufgabe dieser Situation in deinem Leben erkennst. Nimm die Zeit zu heilen. Lass schmerzhafte Erinnerungen los und gehe tapfer voran.

Vergebung ist eine machtvolle Heilerin. Halte nicht an der Energie vergangener Enttäuschungen oder Konflikte fest. Vergiss nicht, dir selbst für Entscheidungen zu vergeben, von denen du vielleicht wünschst, du hättest sie anders getroffen. Du hast zum damaligen Zeitpunkt das Beste getan, was du tun konntest, daher erlaube dir jetzt weiterzugehen.

Zusätzliche Bedeutungen dieser Karte: Missverständnisse. Einsamkeit. Beziehungssorgen. Schmerzhafte Enthüllungen.

Vier der Luft

Es ist Zeit auszuruhen. Nimm Urlaub oder nimm dir einfach Zeit, dich neu zu ordnen und zu regenerieren. Ziehe dich von der Welt und jeglichem Stress oder Sorgen zurück. Falls du krank gewesen bist, fokussiere dich auf Heilung und stürze dich nicht gleich wieder auf neue Aufgaben.

Du brauchst Zeit für dich alleine. Diese Situation erfordert gründliches Nachdenken von deiner Seite. Meditation könnte die Antworten liefern, die du suchst, wenn du alle intellektuellen Möglichkeiten für eine Lösung erschöpft hast.

Zusätzliche Bedeutungen dieser Karte: Das Bedürfnis nach mehr Schlaf. Eine Entscheidung benötigt mehr Zeit. Das Ende einer stressvollen Periode. Geistige Erschöpfung.

Fünf der Luft

Diese Situation hat sich nicht so entwickelt, wie du gehofft hast, doch du kannst einen neuen Versuch starten. Deine Macht liegt nicht darin, die Dinge aufzuhalten, sondern zeigt sich in der Art, wie du mit ihnen umgehst. Vielleicht fühlst du jetzt, dass der Preis für dieses riskante Unternehmen zu hoch ist. Schau dir noch einmal sorgfältig die Art und Weise an, wie die Dinge passiert sind, um wertvolle Lektionen für deine Zukunft zu lernen.

Jemand, der an dieser Situation beteiligt ist, lässt es an Integrität mangeln. Der Wunsch zu gewinnen ist so groß, dass der oder die Betreffende die Bedürfnisse anderer ignorieren wird. Überdenke noch einmal die Motive aller Beteiligten (einschließlich deiner eigenen) und tue alles, was in deinen Kräften steht, um eine Lösung zu begünstigen, bei der alle gewinnen.

Zusätzliche Bedeutungen dieser Karte: Unkluge Entscheidungen. Der Wunsch nach Rache. Nur an sich selbst denken. Häme.

Sechs der Luft

Es geht aufwärts, und das Schlimmste liegt jetzt hinter dir! Endlich gibt es ein Licht am Ende des Tunnels, und Stress und Strapazen verschwinden aus deinem Leben.

Es weht ein anderer Wind – und es ist ein günstiger Wind. Jetzt ist eine gute Zeit, Veränderungen in deiner Karriere, deinem Zuhause ... oder deiner Perspektive vorzunehmen.

Zusätzliche Bedeutungen dieser Karte: Eine Reise. Das Ende einer Depression oder Krankheit. Die Lösung eines Konfliktes. Eine Situation zurücklassen und weitergehen.

Sieben der Luft

Hör auf mit dem, was du tust, und prüfe gründlich die Wahrheit dieser Situation. Es kann sein, dass deine Handlungsweise wesentliche Dinge unberücksichtigt lässt oder auf falschen Annahmen beruht. Schau dir deine Pläne noch einmal objektiv an oder gehe zu einem Experten, damit er dir hilft, Schwachstellen zu identifizieren.

Lass bei allen Details Vorsicht walten und vermeide jegliche Nachlässigkeit. Prüfe die Zeitschiene deiner Aktionen. Vielleicht ist es zu früh, weiterzugehen; oder es kann sein, dass du die Dinge aufschiebst und damit das perfekte Timing versäumst.

Zieh die Möglichkeit in Betracht, dass jemand, der an der Situation beteiligt ist, ein verborgenes Motiv hat.

Zusätzliche Bedeutungen für diese Karte: Lieber alleine leben und arbeiten. Peinliche Geheimnisse. Verantwortung vermeiden. Diebstahl.

Acht der Luft

Du musst nicht in der gegenwärtigen Situation bleiben, wenn sie dich unglücklich macht. Auch wenn du vielleicht das Gefühl hast, es gäbe keinen Ausweg, sieh noch einmal genau hin! Es gibt jede Menge Möglichkeiten, um dich auf eine gesunde, harmonische Weise aus dieser Situation zu befreien.

Zunächst jedoch musst du größeres Vertrauen in deine Fähigkeiten haben. Glaube an dich selbst und achte jetzt darauf, dass deine Gedanken positiv sind. Der Schlüssel zu Freiheit und Erfolg in dieser Zeit besteht darin, die Wahrheit der Situation zu sehen und dann vertrauensvoll zu handeln.

Zusätzliche Bedeutungen dieser Karte: Verwirrung. Gefühl der Hilflosigkeit. Die Tendenz, sich selbst als Opfer zu sehen. Angst davor, aktiv zu werden.

Neun der Luft

Positives Denken ist jetzt essentiell. Deine eigenen obsessiven, negativen Gedanken sind der wahre Grund für die Probleme, vor denen du Angst hast. Lass deine Schuldgefühle los und erkenne, dass Reue eine vergeudete Emotion ist. Richte vielmehr deine Aufmerksamkeit auf die erstaunlichen Möglichkeiten für die Zukunft und lass die Vergangenheit zurück.

Wenn du in dieser Zeit unangenehme Träume hast, schreibe sie auf, danke ihnen für ihr Bemühen, dich zu informieren und schicke sie dann den Engeln. Falls Depression ein Thema ist, ermutige dich oder den davon Betroffenen, sich professionell beraten oder behandeln zu lassen.

Zusätzliche Bedeutungen dieser Karte: Schlaflose Nächte. Wild durcheinanderrasende Gedanken. Das Schlimmste erwarten. Selbsterfüllende Prophezeiungen. Sorgen. Befürchtungen. Stressbezogene Erkrankungen.

Zehn der Luft

Das Ende einer schwierigen Situation. Zum Glück folgt einem Ende immer ein Neubeginn. Vielleicht empfindest du Traurigkeit über das, was passiert ist, gemischt mit einem Gefühl willkommener Erleichterung. Es ist Zeit zu gehen und das Heraufnahen eines neuen Tages zu begrüßen. Begrüße Veränderungen und erwarte, dass die Dinge von nun an besser werden.

Eventuell ist es an der Zeit, deine Karriere zu wechseln. Vielleicht hast du ein lange währendes Projekt abgeschlossen oder dich entschieden, einen anderen beruflichen Weg einzuschlagen. Setze keine Limits bezüglich der wundervollen Dinge, die das Universum verleihen kann. Wirf dein Netz weit aus und lass dich von den fantastischen Möglichkeiten überraschen, die du vielleicht einfängst!

Zusätzliche Bedeutungen für diese Karte: Es geht aufwärts! Genesung von einer Sucht. Eine melodramatische Reaktion.

Page der Luft

Situationen: Du wirst wahrscheinlich eine neue Information erhalten, die eine Herausforderung oder Verzögerungen präsentiert. Die Botschaft kommt unter Umständen von jemandem, dessen Worte grob und taktlos sind, doch nimm sie nicht persönlich. Wichtig ist die Botschaft, nicht der Bote.

Personen: Ein junger Mensch, der oft intelligent, ehrlich und endlos neugierig ist. Ein Mensch, der analytisch ist, mit einem brillanten Intellekt und der die Wahrheit hinter einer Situation enthüllen kann. Nüchtern. Impulsiv.

Zusätzliche Bedeutungen dieser Karte: Eine neue Herausforderung. Ein Vertrag oder eine Vereinbarung. Konstruktive Kritik. Rechtsangelegenheiten. Geschwätz.

Ritter der Luft

Situationen: Ereignisse, die in schneller Abfolge stattfinden! Deine Pläne können jetzt umgesetzt werden, und du wirst wahrscheinlich eine Menge Aktivität sehen. Intellekt und Kreativität sind das Gebot des Tages, also lege dir eine nichttraditionelle Sichtweise zu. Nimm dir Zeit, deine Optionen sorgsam zu durchdenken.

Personen: Ein extrem intelligenter Mensch mit der Fähigkeit, schnell zu denken und noch schneller zu handeln. Ein echter »Macher«, der nicht zu stoppen ist, wenn es um eine gute Sache geht. Idealistisch. Entschlossen. Klug. Unermüdlich. Durchsetzungsfähig. Zuweilen taktlos.

Zusätzliche Bedeutungen dieser Karte: Eine unerwartete Situation oder Konflikt. Eine impulsive Entscheidung. Ein »Ritter ohne Furcht und Tadel«.

Königin der Luft

Situationen: Deine Fähigkeit, objektive Entscheidungen zu treffen, ist jetzt gefordert. Schau genau hin und entdecke jegliche verdeckten Absichten. Die Zeit ist gekommen, alles oder jeden aus deinem Leben zu verabschieden, dessen Präsenz dir nicht länger zum Besten gereicht. Versuche, den darunterliegenden Humor zu sehen.

Personen: Ein Mensch mit ungeheurer Einsicht und Wahrnehmungsvermögen bezüglich Situationen und Menschen. Ein Mensch mit wundervollem Esprit und Witz, einem wachen Geist und einer offenen, direkten Persönlichkeit, der das Leben nicht zu ernst nimmt. Ein Perfektionist, aber nicht wertend. Ein unverheirateter Mensch. Unabhängig. Erfahren. Aufrichtig. Realistisch.

Zusätzliche Bedeutungen dieser Karte: Das Bedürfnis, Unordnung zu beseitigen. Durch Lebenserfahrung gewonnene Weisheit. Festgefahrene Liebesbeziehung. Geschiedene Personen.

König der Luft

Situationen: Vielleicht wirst du von einem intelligenten Experten wertvollen Rat erhalten. Es ist wichtig, dass deine Entscheidungen fair und für alle Beteiligten gerecht sind. Zögere nicht, wenn nötig, einen Dritten um Rat zu fragen, doch äußere dich selbstbewusst.

Personen: Ein Mensch, der ein Experte in dem von ihm oder ihr gewählten Fach ist, vor allem in einem intellektuellen Bereich wie Rechtswesen, Wissenschaft oder Business. Jemand, der ein ausgezeichneter Redner ist und bekannt für seine Fähigkeit, objektiv und diplomatisch zu sein. Brillant.

Respekteinflößend. Unparteiisch. Professionell. Ausgeglichen. Motivierend.

Zusätzliche Bedeutungen für dieser Karte: Gerechtigkeit. Ein Vermittler. Bringe rationale und emotionale Überlegungen ins Gleichgewicht.

Das Element Erde

Das Element Erde repräsentiert die materielle Welt, in der wir unseren Lebensunterhalt verdienen, für unseren Körper sorgen und uns um Mutter Erde kümmern. Zu den Aspekten unseres Lebens, die von diesem Element repräsentiert werden, gehören Geld, Arbeit, unser Zuhause, Sicherheit, Gesundheit, Ressourcen, Erziehung, Ausbildung, Gesellschaft und die Umwelt. Für das Element Erde haben wir die Ebene der Feen gewählt, aufgrund ihrer magischen Fähigkeiten der Manifestierung und ihrer engen Verbindung zu unserem Planeten.

As der Erde

Große Fülle fließt dir jetzt zu. Vielleicht erhältst du eine Beförderung, Lohnerhöhung oder Geld aus unerwarteten Quellen. Falls du ein neues Geschäft startest, wird es höchstwahrscheinlich ein Erfolg. Das Fundament für Wohlstand ist sicher verankert.

Außerdem ist dies eine gute Zeit für Investitionen, doch schau dir jede Gelegenheit genau an. Es kann sein, dass du bald wichtige Dokumente, Verträge oder Schriftstücke erhältst.

Zusätzliche Bedeutungen dieser Karte: Ein Geschenk erhalten. Verbesserte Gesundheit. Ein Diplom erhalten. Wichtige Anschaffungen. Wunderbare Glücksfälle.

Zwei der Erde

Du bist an zu vielen Fronten auf einmal tätig. Vielleicht erlebst du gerade eine Phase finanzieller Unsicherheit oder hast zu viele Projekte gleichzeitig laufen. Du fühlst dich gestresst, doch es gelingt dir, den Status Quo zu Hause und bei der Arbeit zu bewahren. Falls du über einen Berufswechsel nachdenkst, behalte deinen gegenwärtigen Job bei und gehe langsam zu dem neuen über.

Die Situation, der deine Frage gilt, erfordert eine Entscheidung von dir. Bleib offen für kreative Ideen oder neue Perspektiven. Falls es dir schwerfällt, eine Entscheidung zu treffen, denke über einen spielerischen Ansatz nach. Wenn du die Dinge leichter nimmst, wirst du die Antwort wahrscheinlich leichter finden.

Zusätzliche Bedeutungen dieser Karte: Mit Veränderungen umgehen. Verschiedene Jobs gleichzeitig machen. Die Notwendigkeit, dein Budget auszugleichen. Anpassungsfähigkeit.

Drei der Erde

Die Situation, der deine Frage gilt, kann dank harter Arbeit und guter Planung erfolgreich sein. Vielleicht wirst du Anerkennung oder einen Preis für deine großen Talente und Fertigkeiten erhalten. Richte deinen Fokus auf eine Tätigkeit, der deine Leidenschaft gilt, und tue dein Bestes. Anerkennung für qualitativ hochwertige Arbeit.

Es ist möglich, dass du einer Gruppe oder Organisation beitrittst. Es ist wichtig, ein »Teamplayer« zu sein und mit anderen an diesem Projekt zusammenzuarbeiten.

Zusätzliche Bedeutungen für diese Karte: Etwas Schönes oder Hochqualitatives kreieren. Die nächste Stufe auf der Karriereleiter erklimmen. Andere eine Fertigkeit lehren. Ein Künstler sein.

Vier der Erde

Dies kann eine Karte der Extreme sein. Sie kann eine warnende Botschaft sein, dich um deine finanziellen Ressourcen zu kümmern. Vielleicht ist es an der Zeit, ein Sparkonto anzulegen oder dir genau anzuschauen, wofür du in der Regel dein Geld ausgibst. Möglich ist auch, dass du in finanzieller Hinsicht entweder zu spendabel oder zu knauserig bist. Darüber hinaus ist dies eine Botschaft, Wohltätigkeitsorganisationen und ähnlichen Einrichtungen Zeit oder Geld zu spenden.

Deine harte Arbeit macht sich bezahlt, doch bleibe offen für neue Möglichkeiten. Veränderung ist unvermeidlich und kann neue Quellen der Fülle bringen. Sei bereit für ungeahnte und aufregende Gelegenheiten. Lass dich nicht von angstbasierten Gedanken aufhalten.

Zusätzliche Bedeutungen dieser Karte: Gute geschäftliche Entscheidungen oder Investitionen. Großeinkäufe. Pfennigfuchserei. Angst, zu verlieren, was du angesammelt hast.

Fünf der Erde

Du bist zu sehr auf das fokussiert, was du nicht hast. Eine Mentalität des Mangels kreiert durch das Gesetz de Anziehung eine Realität des »Mangels«. Hilfe ist nahe, doch hindert dich dein Pessimismus daran, sie zu erkennen. Es ist an der Zeit, deine Gedanken, die Worte, die du benutzt und deine Glaubenssätze über Geld neu zu bewerten. Klage nicht länger und nimm jede Hilfe an, die dir angeboten wird.

Zum Glück werden sich die Umstände bessern, und deine unangenehmen Gefühle sind nur vorübergehender Natur. In der Zwischenzeit ist es wichtig, dass du dich um deine physische und emotionale Gesundheit kümmerst.

Zusätzliche Bedeutungen dieser Karte: Unsicherheit in der beruflichen Selbstständigkeit. Finanzielle Einbußen. Erfolglose Rechtsstreitigkeiten.

Sechs der Erde

Fülle ist auf dem Weg zu dir. Das Universum liebt ein dankbares Herz und belohnt Dankbarkeit mit noch mehr Fülle. Du könntest der Empfänger dieser Freigebigkeit sein oder Derjenige, der sie verteilt. Dabei kann es sich um Geld oder eine andere Form von Geschenken handeln, wie zum Beispiel eine gute Gelegenheit, Rat und so weiter.

Neue Karrieremöglichkeiten präsentieren sich dir, einschließlich Personen, bei denen du sicher sein kannst, dass sie fair und verantwortungsbewusst handeln. Beförderungen, Gratifikationen und finanzielle Belohnungen sind in dieser Zeit alle möglich.

Zusätzliche Bedeutungen für dieser Karte: Gewinnteilung. Einen Kredit erhalten. Schulden zurückzahlen. Einen gut gemachten Job feiern.

Sieben der Erde

Die Früchte deiner Arbeit wachsen weiterhin, und die Ernte steht unmittelbar bevor. Geduld ist essentiell, während du eine kleine Handlungspause einlegst und deine nächsten Schritte planst. Vielleicht hast du das Gefühl, weit gehen zu müssen, doch vergiss nicht, wie weit du bereits gekommen bist. Betrachte deinen Fortschritt aus einer übergeordneten Perspektive und erkenne ihn an.

Angst bezüglich der gegenwärtigen Situation ist unbegründet. Jede Verzögerung in deiner Vorwärtsbewegung ist temporär. Jetzt ist eine gute Zeit, dich auszuruhen oder Ferien zu machen, um deine Batterien neu aufzuladen.

Zusätzliche Bedeutungen dieser Karte: Beharrlichkeit. Einen Wendepunkt erreichen. Eine neue Herangehensweise ins Auge fassen. Unnötige Sorgen.

Acht der Erde

Du bist jetzt mit ganzem Herzen bei der Sache. Du hast dich verpflichtet, alles über deine Karriere, Berufung oder dein Projekt zu lernen. Du bist definitiv auf dem richtigen Weg. Deine Hingabe, dein Können und deine Talente werden geschätzt und bald belohnt.

Doch es gibt noch mehr zu lernen. Vielleicht solltest du Kurse belegen, die mit deinen Interessen oder deinem Beruf zu tun haben. Es ist jetzt an der Zeit, dich ernsthaft deinen Studien oder Forschungen zu widmen. Vielleicht solltest du noch einmal die Schulbank drücken.

Zusätzliche Bedeutungen dieser Karte: Handwerkliches Können. Lehrzeit. Ausbildung. Detailorientiert.

Neun der Erde

Deine Eigenständigkeit, Weisheit und Zurückhaltung haben sich bezahlt gemacht. Du hast ausgezeichnete Arbeit geleistet und dich für diese Periode in deinem Leben vorbereitet. Das hat dir die Gelegenheit gegeben, die Dinge leicht zu nehmen und dir ein bisschen Luxus zu gönnen.

Du schätzt deine eigene Gesellschaft. Du findest Frieden und Zufriedenheit in den ruhigen Stunden, die du alleine verbringst. Du suchst einen tieferen Sinn im Leben, daher ziehst du dich zur Inspiration in dein Inneres zurück.

Zusätzliche Bedeutung dieser Karte: Erfolgreiche berufliche Selbstständigkeit. Unverhoffte finanzielle Glücksfälle. Freude an Natur und Tieren. Heimwerken und Neudekorieren.

Zehn der Erde

Fülle und finanzielle Sicherheit sind gewährleistet. Du hast ein bleibendes Fundament für geschäftlichen Erfolg gelegt. Mit diesem Erfolg gehen Gefühle der Freiheit einher. Materielle Annehmlichkeiten, Befriedigung bezüglich dessen, was du erreicht hast und die Fähigkeit, deine eigene Gesellschaft zu genießen – all das ist jetzt dein (oder wird es bald sein). Dennoch ist es wichtig, die kleinen Dinge im Leben zu schätzen.

Dein Familienleben ist ausgesprochen glücklich. Dabei kann es sich um deine Blutsverwandten handeln, eine »Wahlfamilie« oder eine Gemeinschaft von Menschen, denen du dich eng verbunden fühlst.

Du ziehst großen Trost aus den Personen in deinem Umfeld und weißt, dass du extrem gesegnet bist.

Zusätzliche Bedeutungen dieser Karte: Glück. Erbschaft. Weitergeben von Wissen. Ein Gefühl der Vollendung.

Page der Erde

Situationen: Gute Nachrichten bezüglich finanzieller Angelegenheit stehen kurz bevor! Deine Pläne realisieren sich erfolgreich in einem gleichbleibenden Tempo. Vielleicht wirst du ein neues Interesse oder eine neue Leidenschaft entdecken.

Personen: Ein junger Mensch, der studiert/lernt oder dies genießt. Jemand, der optimistisch aber dennoch realistisch sein kann im Hinblick auf das, was erreicht werden kann. Erfolgreich. Zuverlässig. Geduldig. Frugal. Vertrauenswürdig.

Zusätzliche Bedeutungen dieser Karte: Mach deine Recherchen. Weiser als dein Alter vermuten lassen würde. Noch einmal die Schulbank drücken. Materialismus.

Ritter der Erde

Situationen: Zeit anzupacken und die Dinge zu erledigen! Lass das Stadium des Planens hinter dir und werde aktiv. Löse deine Versprechungen und Verpflichtungen ein. Kümmere dich um die Einzelheiten und gehe gründlich vor.

Personen: Jemand, von dem man erwarten kann, dass er loyal, engagiert und zuverlässig ist. Ein gut ausgebildeter Mensch, der langfristig ausgezeichnete Arbeit leistet. Ein Natur- und Tier-Liebhaber, vielleicht Vegetarier. Detailorientiert. Gewissenhaft. Fürsorglich. Ehrbar. Liebevoll.

Zusätzliche Bedeutungen dieser Karte: Neue Motivation. Größere Fülle. Geschäftsreise. Ein Schutzengel.

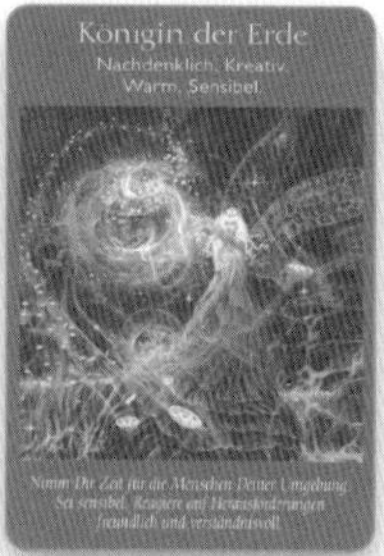

Königin der Erde

Situationen: Nimm dir Zeit für die Menschen in deiner Umgebung. Du hast viel zu geben, egal, ob es sich dabei um Familie, Freunde oder Personen handelt, denen es nicht so gut geht wie dir. Gehe freundlich und verständnisvoll, aber auch mit Vertrauen und Findigkeit auf Herausforderungen ein.

Personen: Jemand, dem das Wohl anderer am Herzen liegt und der schnell bereit ist zu helfen. Ein Mensch, der warmherzig, kreativ, intelligent und in der Lage ist, Probleme effizient zu lösen. Selbstlos. Familienorientiert. Verständnisvoll. Geht ausgezeichnet mit Geld um. Praktisch veranlagt, mit Genuss an schönen Dingen.

Zusätzliche Bedeutungen dieser Karte: Wohlstand. Eine nüchterne Herangehensweise. Ein Grüner Daumen. Liebt Kinder und Tiere. Sinnlichkeit.

König der Erde

Situationen: Dies ist eine Zeit des Erfolges. Deine gegenwärtigen Projekte werden sich gut entwickeln. Vielleicht wirst du befördert oder man bietet dir eine Gehaltserhöhung an. Deine Talente und Fertigkeiten werden dir und anderen Belohnungen bringen. Nimm die angebotenen Gelegenheiten wahr und vertraue darauf, dass du erfolgreich sein wirst!

Personen: Jemand mit einem hervorragenden Geschäftssinn, der gut mit Geld umgehen und ausgezeichneten Rat geben kann. Ein Mensch, der eine erfolgreiche Karriere hinter sich hat und jetzt die feineren Dinge des Lebens genießt. Professionell. Großzügig. Verantwortungsbewusst. Praktisch. Kompetent.

Zusätzliche Bedeutungen dieser Karte: Was du anfasst, wird zu Gold. Ein Industriekapitän. Arbeitgeber. Finanzielle Sicherheit.

Über den Künstler

Viele der Abbildungen im *Engel Tarot-Kartendeck* können Sie als Drucke bestellen. Es gibt sie in verschiedenen Größen ohne den Rahmen oder den Text, der darauf geschrieben steht. Um einen Druck zu bestellen, wenden Sie sich bitte direkt an den Künstler, dessen Website und E-Mail-Adresse Sie weiter unten finden. Weder der Allegria Verlag, Hay House Inc.; Doreen Virtue, LLC; Angel Therapy, Inc.; Magical Thinking, Inc.; noch Radleigh Valentine übernehmen die Verantwortung für Verkäufe, die zwischen Ihnen und dem Künstler stattfinden.

Alle Abbildungen von Steve A. Roberts

Steve A. Robert hat sich als Künstler mit Vision und Technik das Malen selbst beigebracht. Er beschäftigte sich intensiv mit den Werken der Helden aus seiner Kindheit – legendäre Fantasy-Maler wie zum Beispiel Frank Frazetta und die Gebrüder Hildebrandt. Seine einzige fachliche Ausbildung erhielt Steve in Kursen in der *Ringling School of Art.*

In der kleinen Stadt Palmetto im Zentrum von Florida geboren, einen Steinwurf entfernt vom Golf von Mexiko, begann er – wie die meisten Künstler – bereits als kleines Kind mit dem Malen. Später verbrachte er 12 Jahre in Alaska, einer Gegend, die seit jeher seine Imagination aufgewühlt hatte. In dieser Zeit war Steve als Taxifahrer in Anchorage tätig, arbeitete auf dem Bau, errichtete auf 20 Hektar Grund ein Blockhaus und malte die Wunder dieses Märchenlandes. Mit der Zeit erregte seine Arbeit mehr und mehr Aufmerksamkeit. Steve kehrte zurück nach Florida und gründete seine Firma *Fantasy Graphics*. Heute ist er als einer der gefragtesten neuen Künstler im Bereich der Fantasy-Illustration bekannt.

Kontaktinformation:

Website: www.fantasy-graphic.com
E-mail: steve@fantasy-graphic.com

Über die Autoren

Doreen Virtue ist ihr Leben lang Hellseherin und Metaphysikerin in vierter Generation. Sie hat drei Universitätsabschlüsse in beratender Psychologie. Sie ist Autorin vieler Bücher, Kartendecks und Audio-Programme über Engel, die Entwicklung außersinnlicher Fähigkeiten und Mind-Body-Spirit-Themen.

Doreen ist häufig Gast in Fernseh- und Radiosendungen, wo sie als »The Angel Lady« bekannt ist. Für weitere Informationen bezüglich ihrer Seminare, Bücher, Audio-Produkte, Podcasts, wöchentlichen Live-Radio-Shows und Orakelkarten besuchen Sie bitte ihre Website unter: **www.AngelTherapy.com.**

Radleigh Valentine ist ein international bekannter Redner, Autor und Radio- Moderator und amtlich zugelassener Wirtschaftsprüfer. Nach seinem Austritt aus der Geschäftswelt wurde Radleigh international bekannt als Schöpfer von *RadScapes*, wöchentliche Horoskope gemischt mit Tarot und Humor.

Radleighs Radio-Show und Seminare sind erfüllt mit Lachen und Lernen. Radleigh hat die Fähigkeit, komplizierte Konzepte mit einem humorvollen und charmanten Optimismus zu präsentieren, der Ihnen mit Sicherheit zu der Erkenntnis verhelfen wird, dass das Leben »magisch« ist. Für weitere Informationen besuchen Sie bitte seine Website: **www.MagicalThinking.com**

Von Doreen Virtue sind in unserem Hause
folgende Kartendecks erschienen:

Das Lebensorakel der Engel

Das Engel-Therapie-Orakel

Das Engel-Orakel für jeden Tag

Das Heil-Orakel der Feen

Das Erzengel-Orakel

Das Erzengel Michael-Orakel

Das Heil-Orakel der Engel

Das Orakel der himmlischen Helfer

Das Einhorn Orakel

Magisches Orakel der Feen